99% 원장님이 모르는 동물병원 의료서비스의 완성

동물병원CS 한 권으로 끝내기

99% 원장님이 모르는 동물병원 의료서비스의 완성

동물병원CS 한 권으로 끝내기

초판 1쇄 인쇄 2024년 10월 25일
초판 1쇄 발행 2024년 11월 8일

지은이 류선수

발행인 백유미 조영석

발행처 (주)라온아시아
주소 서울특별시 방배로 180 스파크플러스 3F

등록 2016년 7월 5일 제 2016-000141호
전화 070-7600-8230 **팩스** 070-4754-2473

값 20,000원
ISBN 979-11-6958-129-5 (13320)

※ 라온북은 (주)라온아시아의 퍼스널 브랜드입니다.
※ 이 책은 저작권법에 따라 보호받는 저작물이므로 무단전재 및 복제를 금합니다.
※ 잘못된 책은 구입하신 서점에서 바꾸어 드립니다.

라온북은 독자 여러분의 소중한 원고를 기다리고 있습니다. (raonbook@raonasia.co.kr)

99% 원장님이 모르는 동물병원 의료서비스의 완성

Animal Hospital Customer Satisfaction

동물병원CS
한 권으로 끝내기

류선수 지음

드라마틱한
성장을 이루는
동물병원CS
시크릿!

"진료만 잘하면 된다는 인식에서 벗어나라!"

300% 성장, 신규 병원 런칭, 경쟁력을 높이는
동물병원CS의 7·7·7 전략!

RAON
BOOK

RAON
BOOK

'인테리어도 새로 했고, 좋은 장비들로 세팅했는데 왜 매출이 오르지 않을까?'

'노력하는데 왜 네*버 평점이 오르지 않을까?'

'고객들이 자꾸 이탈하는데 뭐가 문제지? 친절한 직원 좀 구할 수 없나?'

23년 차 임상수의사이자 동물병원을 운영하고 있는 본인을 포함하여, 원장님들이라면 대부분 이런 고민들을 하고 계실 것입니다.

반려동물의 건강을 지키는 일, 그것은 수의사로서 우리가 가진 가장 큰 사명입니다. 하지만 그 어느 때보다도 동물병원의 수준과 수의사들의 전문성이 높아진 지금, 그 이상으로 고객들의 기대치가 높아졌기에 최신 장비, 멋진 인테리어, 좋은 진료만으로는 그 사명을 다하는 것이 결코 쉽지 않다는 것을 늘 깨닫게 됩니다. 고객들의 마음은 그것만으로는 잡기 어렵기 때문입니다.

대한민국 최초 동물병원 CS컨설턴트인 류선수 저자의 이 책은, 위와 같은 문제들의 본질적인 해답이 CS(Customer Satisfaction)에 있다는 것을 정확히 일깨워줍니다. 또한 이를 시행할 수 있도록 도와주는 지침서이자, 수의사의 전문성과 고객의 마음을 잇는 다리 역할을 합니다.

각 장에서 저자는 동물병원 경영의 현장에서 직접 체험한 생생한 실제 스토리와 실질적인 전략을 통해, 우리가 어떻게 고객과의 관계를 더욱 깊이 있게 발전시킬 수 있는지를 알려줄 것입니다. 이를 통해 고객의 기대에 부응하고, 신뢰를 쌓는 방법을 배우게 될 것입니다. 고객의 마음을 이해하는 것이 바로 환자에게 최선의 치료를 제공하는 길임을 깨닫게 되는 순간, 우리는 진정한 수의사로서의 소명을 다하게 될 수 있다고 확신합니다.

CS라는 용어도 낯설던 시기부터 전국 각지의 동물병원 현장을 직접 다니며 다양한 병원의 구성원들과 매일 미팅을 하고 교육을 하면서 체득한, 대한민국 동물병원의 생생한 현장에 대한 저자의 지혜와 통찰이 담긴 이 책을 통해 여러분의 동물병원이 고객들의 마음을 얻고, 사랑받는 공간으로 거듭나는 기적을 경험해 보시기를 바랍니다.

앞으로 여러분이 계실 동물병원에서의 매일이 더욱 보람 있고 감동적인 순간으로 가득 차길 바라며, 동물병원을 운영 중이신 원장님, 개원 예정의, 동물병원 임직원들 및 반려동물 업계의 모든 분들께 이 책을 자신 있게 권해드립니다.

- VIP동물의료센터 원장 김성수

"동물병원은 진료만 잘 하면 되는 거 아닌가?"라는 시대가 있었다. 하지만 고객의 눈높이가 높아짐에 따라 동물병원의 대형화와 진료의 세분화는 진화를 거듭해 가는데, 정작 그 안에서 고객들을 만족시키고 감동시키는 동물병원CS는 등한시되어 왔다. 정확히 말하면 그것을 어떻게 배우고 실천하는가를 몰랐던 것 같다. 동물병원CS의 필요성은 누구나 알지만 어떻게, 왜, 무엇을 해야 할지 모르는 것이 현실이었다.

여기 류선수 저자의 《동물병원CS 한 권으로 끝내기》에 그 해답이 담겨 있다. 수년간 현장에서 직접 발로 뛰어 경험하고 시도하며 얻은 노하우가 정리되어 있으며 무수한 동물병원을 대상으로 실행한 조언, 세팅, 운영 등의 체험기가 고스란히 녹아져 있다.

새로 개원하는 수의사나 이미 개원한 수의사, 동물병원 관계자에게는 큰 도움이 될 것이며 앞으로 가야 할 길을 제시해주는, 가뭄에 단비 같은 책일 것이다. 첫 장을 열고 마지막 장을 닫는 순간, 당신은 이미 동물병원CS의 전문가가 되어 있을 것이다.

- 강서YD동물의료센터 대표원장 명정용

단언컨대, 이 책은 유일한 동물병원CS 전문가가 자신의 실제 경험과 컨설팅 사례를 바탕으로 집필한 유일한 책입니다. 이 책은 그 어떤 광고보다, 마케팅보다 더 중요한 고객 서비스에 집중하여 고객이 스스로 찾아오게 만들어 줍니다. 모든 동물병원 구성원들이 익혀야 할 필독서로서 활용되길 진심으로 바랍니다.

- 아이엠디티 CEO 서상혁

류선수 저자의 CS컨설팅을 직접 경험한 후, 동물병원 업계에도 CS

전문가가 있다는 사실에 먼저 깊은 인상을 받았고, 풍부한 경험과 실질적인 솔루션들을 직접 접하며 큰 영감을 받았습니다. 《동물병원CS 한 권으로 끝내기》는 동물병원을 운영하거나 개원을 준비하시는 분들에게 마치 믿음직한 멘토가 곁에서 조언을 건네는 듯, 현장에 바로 적용 가능한 해답을 드릴 것입니다.

저자의 CS컨설팅을 책으로도 만날 수 있다는 점에 감사드리며, 이 책을 통해 많은 분들이 최고의 동물병원CS 컨설턴트인 류선수 저자로부터 동물병원 경영의 인사이트를 얻으시길 바랍니다.

- 리본동물의료센터 대표원장 이영재

"감동을 주는 동물병원"

직원들의 CS교육을 위해 류선수 저자를 모셔 강의를 들었을 때, 강의의 주된 핵심은 결국 '감동을 주는 동물병원'을 만드는 것이었습니다. 모든 직원들이 같은 마음으로 고객 만족을 넘어 고객을 감동하게 하는 동물병원이 되도록 하는 것, 그 과정에는 수많은 업무 시스템을 구축해야 하고 직원들 간의 충분한 소통도 필요하며 건강한 조직문화가 자리 잡혀야 합니다. 또한 고객들의 세세한 피드백들도 반영하여 지속적으로 성장하는 동물병원을 만들어 나가야 합니다. 바로 내가 꿈꿔왔던 동물병원의 모습을 어떻게 구체적으로 실현해 갈 수 있는지에 대해 류선수 저자가 전문가의 입장에서 방법들을 설명해 주셔서 큰 도움이 되었습니다. 지금도 계속 정기적으로 직원 회의를 하고 어떻게 하면 고객들의 불만사항을 더 개선하고 더 나은 의료서비스를 드릴 수 있을지, 어떻게 하면 직원들이 더 만족하며 근무할 수 있을지 고민합니다. 류선수 저자의 책을 통해 많은 동물병원들이 '감동을 주는 동물병원'이 되어 반려동물을 사랑하는 수많은 사람들이 더욱 행복해지기를 바래 봅니다.

- 브이동물메디컬센터 원장 이정하

동물병원이 단순히 문을 열기만 해도 잘되던 시대는 이미 지났습니다. 경쟁이 치열해지고, 보호자들의 기대 수준은 점점 높아지고 있습니다. 또한, 인터넷과 AI의 발전으로 정보는 넘쳐나고, 그 속에서 병원의 차별성을 유지하고 리스크를 관리하는 일은 점점 더 어려워지고 있습니다.

대부분의 동물병원에서 경영을 책임지는 사람은 바로 수의사인 원장입니다. 하지만 정작 수의대에서는 병원 경영에 대해 가르쳐주는 경우가 거의 없습니다. CS의 중요성에 대해서도 마찬가지죠. 원장님들은 동물의료서비스를 제공하는 동시에 병원의 운영을 총괄해야 하는 CEO 역할까지 맡고 있기에 수의대에서도 이런 교육들이 필수적으로 포함되어야 한다고 생각합니다. 학교에서 배우지 못했다면 이후에 꾸준히 배워 나가는 것이 중요합니다. 하지만 무엇을, 어떻게 공부해야 할지 막막할 때가 많습니다. 그래서 수의사들의 개원과 병원 운영, CS(고객만족)를 위한 체계적인 시스템과 콘텐츠가 필요합니다.

류선수 저자의 책이 바로 그 대안이 될 수 있습니다. 현장에서 직접 경험하고 쌓은 동물병원CS의 운영 노하우를 바탕으로, CS(고객만족) 구축부터 직원 관리, 그리고 매출 성장까지의 핵심적인 노하우를 담고 있습니다. 저 또한 류선수 저자의 CS컨설팅을 직접 경험했고, 컨설팅을 통해 배운 내용을 병원 운영에 적용한 후 큰 만족을 얻었기에, 이 책을 꼭 추천 드리고 싶습니다.

- 이음동물의료센터 대표원장 전석호

    류선수 저자의 CS컨설팅은 병원의 서비스뿐만 아니라 전체적인 비전까지 재정비할 수 있는 귀중한 기회였습니다. 처음에는 그저 고객과의 소통에 대한 팁만을 기대했지만, 작가님의 접근 방식은 훨씬 더 깊이 있었습니다. 병원이 단순히 고객을 대하는 방법을 넘어, 환자와 보호자들에게 진심을 담아 다가가는 것이 얼마나 중요한지를 깨닫게 해주셨죠. 덕분에 병원 운영에서 중요하게 고려해야 할 가치와 방향성을 다시 생각할 수 있었습니다.

    특히 저자님은 병원의 장기적인 비전 설정에 대해 많은 도움을 주셨습니다. 단순한 서비스 개선을 넘어, 병원이 앞으로 나아갈 길과 환자들에게 진정성 있는 가치를 어떻게 전달할 수 있을지 명확하게 제시해 주셨습니다. 이 과정을 통해 우리는 고객과 더 깊은 신뢰를 쌓을 수 있게 되었고, 병원이 더욱 성장할 수 있는 발판을 마련할 수 있었습니다. 작가님의 진심 어린 조언 덕분에 우리 병원은 앞으로도 환자와 보호자를 위한 더 나은 환경을 만들 수 있었습니다.

    이 책을 통하여 많은 동물병원이 진정성을 통해 고객만족을 만들기를 바랍니다.

- 에스동물메디컬센터 대표원장 허찬

동물병원CS, 근본을 단단히 다져야
드라마틱한 성장이 가능하다.

동물병원은 많은 보호자들에게 행복과 절망, 기쁨과 슬픔을 동시에 전해주는 공간이다, 반려동물의 건강한 삶을 위해 검진을 하고, 아픈 반려동물의 치료를 위해 비용과 시간을 무한으로 들이기도 한다, 반려동물이 건강을 회복하면 보호자는 동물병원을 애정 어린 눈빛으로 존경심을 다해 따뜻하게 바라보지만, 그렇지 않은 경우 그 동안의 기회비용에 대한 모든 책임과 원망을 따가운 시선과 함께 동물병원을 바라보기도 한다.

나도 어렸을 땐 동물병원이 단순히 귀여운 강아지, 고양이들을 볼 수 있는 즐거운 공간이라는 생각을 했었고, 아직도 동물병원을 깊숙이 오래 경험해 보지 못한 사람들은 그렇게 생각할 수 있다. 하지만, 이 두 가지 생각들이 모두 틀렸다고 할 수 있는가? 앞으로 동물병원이 마주해야 할 고객들의 욕구는 더 세분화되고 다양해질 수밖에 없기에 병원이라는 치열한 현장의 공기 속 대기하는 보호자들에게는 편안하고 따뜻한 경험을 전달해야 할 것이다.

동물병원CS라고 이야기하면 아직도 대부분 사람들은, "동물병원에서도 CS교육을 해요?"라고 이야기한다. 아무도 관심을 가지지 않았던, 누구도 필요하다 생각하지 않았던, 동물병원CS는 분명 앞으로 시간이 지나면 지날수록 동물병원 원장님이라면 반드시 고려해야 할 동물병원이 제공하는 진료서비스의 필수적 요소로 자리잡게 될 것이다.

"동물병원은 원래 그래요"

내가 동물병원CS를 처음 시작하면서 만났던 동물병원의 원장님, 직원들에게 가장 많이 들었던 말이다. 이 말 안에는 많은 의미들과 오래된 습관들이 내포되어 있다는 것을 처음엔 몰랐지만 이제는 정확하게 인지할 수 있게 되었다. 진료, 경영, 직원관리 등 바쁜 업무로 몸이 열 개라도 부족한 원장님들의 내부 사정을 들여다보니 '변화라는 단어가 그리 긍정적이지 않을 수밖에 없겠구나'라는 생각이 들었다.

그리고 지금까지는 변화 없이도 산업시장이 급성장하면서 매출이 오르고 수익을 창출하고 있기에 '굳이 변화를 해야 하나?'라는 생각을 대부분 하고 있는 것이 현실이다.

가능하겠어?
'동물병원'이라는 해묵은 관점의 전환!

내가 예상했던 것보다 동물병원은 더 조밀하게 밀집되어 있었고, 그 조직 안에서 너무나 오랫동안 지속되고 익숙한 습관적 관행들이 많이 형성되어 있었다. 오래 다닌 직원이 당연히 리더가 되는 시스템, 너무 빈번한 지각, 관리되지 않는 근태, 수의사와 테크니션, 매니저 파트의 보이지 않은 갈등 등 동물병원에서 근무하는, 근무했던 사람, 이 책을 펼친 원장님이라면 누구나 공감할 것이다.

"이런 현상들을 굳이 바꿔야 할까요?"라고 누군가 질문한다면 난 망설임 없이 "당연하죠!"라고 답할 것이다. CS라는 분야를 대부분의 원장님들은 직원들이 고객을 친절하게 응대하는 것이라고 단순하게 생각하는데, CS(고객만족)가 단순친절을 의미하던 시대는 10년도 훨씬 전에 이미 지나갔다. 현장의 고객 컴플레인이 늘어나게 되면 대부분 원장님들은 우리 직원들이 응대를 불친절하게 하는 것 같아서, 응대 교육을 좀 했으면 좋겠다는 생각을 한다.

그러나 실제 컴플레인 사례를 분석해보면 문제의 근본 원인은 직원의 단순 불친절의 이유가 아니며, 기본 CS시스템이 구축되지 않는 상황에서는 근본적 문제 진단이 쉽지 않다.

동물병원에서 긴 대기시간, 내복약 조제 관련 이슈, 사전안내, 설명 부족 등 계속적으로 반복되는 몇 가지 문제점들이 있는데, 동물병원CS의 가장 핵심은 이렇게 반복되는 이슈들의 해결을 위한 근본적 서비스시스템을 점검하는 것이다. 현재 우리 병원의 문제점을 객관적으로 진단하고, 잘하고 있는 것은 향상 유지시키며, 부족한 부분들을 개선, 보완해서 새롭게 구축 후 실행해보는 과정이 반드시 필요하다.

맛있는 음식이 고객의 테이블에 전달되기 전까지, 깨끗한 조리실, 신선한 재료, 재료의 특성에 맞는 조리 방법, 순서 등 기본적 요소가 갖춰지고, 직원들이 매끄러운 시스템을 통해 고객의 테이블에 지연 없이 음식을 전달해야만 맛있는 음식을 가장 최상으로 즐길 수 있다.

동물병원도 마찬가지다, 아무리 좋은 시설, 최신 장비, 종합병원급 큰 규모더라도 병원에서 기본적으로 갖추어야 할 시설, 시스템, 인적서비스의 기본이 다져지지 않으면 보호자들에게 좋은 고객 경험을 제공할 수 없다.

이 책에는 동물병원CS경영에 있어 원장님과 근무하는 모든 직원들이 기본적으로 알아야 할 고객관점의 고객만족 필수 요소들에 대한 해답이 담겨 있다. 아주 사소한 작은 변화를 시작으로 우리 병원을 내원하는 보호자들의 만족도가 어떻게 달라지는지 직접 체감해보고, 이제는 동물병원도 단순히 진료만 잘하면 되는 곳이라는 인식에서 벗어나, 당연적 요소를 넘어 보호자의 처음과 마지막의 고객만족의 여정에 끝까지 함께 동행하는 곳이 되길 바란다.

류 선 수

Chapter.1

동물병원, 레드오션에도
매출 300% 성장의 비밀

Chapter.2

Visual Customer Service
: 매력 있는 CS의비밀

Chapter.3

돈과 사람을 끌어 모으는
300% 동물병원CS 전략 ABC

Chapter.4

신규 동물병원 런칭 시
동물병원CS 전략 : JUMP UP

Chapter.5

경쟁력을 높이는
동물병원CS 전략 : CHECK UP

병원의 규모는 더 이상 동물병원의 성공적 개원을 위한
필수 조건이 아니다.
병원이 현재 가지고 있는 규모와 현실에 맞는
차별화된 브랜딩과 CS전략이 반드시 필요하다.

Chapter

동물병원, 레드오션에도
매출 300% 성장의 비밀

성공한 곳에 특별함이 있다고 생각했는가?
아무나 성공할 수 없는 이유는 기본을 지키고
그것을 계속 유지한다는 것은
속도가 매우 더디고 따분한 과정에서 오는
지루함과 고통을 이겨내기가 그만큼 힘들기 때문이다.
그 과정 속 고통을 인내하고 이겨낸다면 어쩌면 성공의 기회는
모두에게 평등하게 주어지는 것이 아닐까?

사소하고 기본적인 것에 충실해야
병원 매출이 성장한다

01

고객은 수많은 불만족 속 자신이 만족할 수 있는 딱 한 가지를 원한다

보호자들은 어떤 동물병원을 원하는가? 진료 잘하는 병원, 의료진의 실력이 우수한 병원, 친절한 병원, 규모가 큰 병원, 시설이 좋은 병원, 최신 장비를 갖춘 병원…. 그럼 우리 병원은 해당 요소를 모두 잘 갖추고 있는가? 장담컨대 위에서 언급한 모든 요소를 완벽하게 다 갖추고 있는 병원은 어디에도 존재하지 않는다. 사람이 몰려드는 동물병원도 모든 요소를 다 만족시켜 성공한 것이 아니다.

실제 나는 원장님들에게 CS 관련 교육과 컨설팅을 진행할 때 가장 먼저 모든 요소를 완벽하게 하려는 생각을 바꿔야 한다는 말을 한다. CS라는 것이 답이 정해진 객관적 요소가 아닌, 주관적인 요

소로 사람에 따라 다르게 반응하고 받아들여지기에 애초에 '완벽'
이라는 결과를 도출할 수가 없기 때문이다. 그렇지 않은가? 사람
의 마음을 완벽하게 만족시킨다는 것, 그게 어떻게 가능할 수가 있
을까? 불가능한 것을 가능하게 하는 것이 CS라고 생각된다면 지금
당장 그 생각을 버려야 한다. 우리가 이야기할 동물병원CS는 가능
한 것에서 보호자가 가장 원하는 한 가지를 선택하는 것이다. 그리
고 한가지의 선택을 만족시켰다면 그 다음 또 다른 한가지를 찾아
가는 과정을 반복하는 것이다.

■ 성공의 법칙은 특별한 게 없다. 비밀은 기본이다!

무서운 속도로 성장해가는 일명 잘 나가는 동물병원에는 어떤
특별한 비밀이 숨어 있을까? 한 번쯤 주변에 급속도로 성장해가는
동물병원을 보며 궁금해한 적이 있을 것이다. 이건 비단 동물병원
뿐 아니라, 모든 분야에서 성공한 사람들의 성공비결에 대한 궁금
증은 항상 존재하니 말이다. 과연 성공한 사람, 성공한 곳에는 비
밀이 존재하긴 하는 것일까?

요리사가 되고 싶은 사람, 글을 처음 쓰기 시작한 사람, 말을 잘
하고 싶은 사람, 춤을 잘 추고 싶은 사람 등 무언가를 새롭게 시작
하는 사람들이 배우기 위해 누군가를 찾아가면 공통적으로 듣게
되는 말이 있다. 바로 시작하려고 하는 분야에 반드시 필요한 기본
을 다지고 채운 다음 시작해야 한다는 것이다.

나 또한 동물병원 CS컨설팅을 진행할 때 가장 먼저 점검하고 강
조하는 부분이기도 하다. 그럼 기본이 다져지지 않으면 성공하지

못하는 것일까?

물론 기본이 다져지지 않은 상태에서 좋은 타이밍과 흐름을 통해 성공한 병원도 있다. 다수 인원의 동업으로 인한 자금의 여유, 큰 규모, 좋은 시설, 최신 장비 등을 통해 좀 더 높은 곳에서 시작하게 된 병원들이 그렇다. 그러나, "빈수레가 요란하다"라는 말이 있듯이 규모가 큰 만큼 내원하는 고객의 수도 많기에, 늦게라도 기본을 점검하고 채워가지 않는다면 속이 텅 빈 공갈빵처럼 부풀대로 부푼 몸집은 아주 작은 충격 하나로 쉽게 무너질 수밖에 없다. 기본이 지켜지지 않은 병원의 속이 빈 모습은 언젠가는 보호자에게 비칠 수밖에 없다. 모든 것이 그렇겠지만. 특히 CS는 쌓아 올리는 과정은 오래 걸리지만, 무너지는 것은 찰나의 순간이다.

기업교육 11년 차, 현대자동차, 벤츠, 아우디 등 대기업, 프리미엄 브랜드들과 800회 이상의 강의, 교육과 컨설팅을 진행한 나에겐 그 어떠한 순간에도 절대 굽히지 않는 철칙이 한 가지 있다. 바로 의뢰한 '기업의 기본'을 점검하는 것이다. 그리고 기본이 채워지지 않는 기업에는 절대 그 다음 단계의 교육을 진행하지 않는다. 물론 동종업계의 다른 전문가가 보기에는 '이상한 고집을 가지고 있네'라고 생각할 수도 있겠지만, 과거에도, 현재에도, 그리고 앞으로도 나는, 나에게 교육과 컨설팅을 의뢰한 병원들이 보여주기식의 교육이 아닌, 실제 직원들과 현장의 변화를 통해 보호자가 만족하여 재내원을 통해 매출성장으로 이어가게 하는 것이 목표이기 때문이다. '기본이 뭐가 그리 중요하냐?'라고 생각할 수 있겠지만, "동물병원CS의 성공의 승패를 가르는 가장 결정적 요소가 무엇이냐?"라고 누군가 묻는다면, 나는 망설임없이 동물병원 현장의 기본 점검이라고 말할 것이다.

개성이 중요한 시대, 차별화 전략이 필요한 시대, 다른 병원에서 시도하지 않았던 것을 전략적으로 마케팅 해야 하는 시대, 서비스의 차별화가 필요한 시대…. 한 번쯤 이런 이야기 들어 본 적 있는가? 많은 마케팅, 병원 컨설팅, 병원 교육업체에서 원장님들께 이러한 달콤한 말들로 수많은 제안을 할 것이라 생각한다. 물론 틀린 말은 아니다. 나 또한 이 책을 통해 동물병원의 변화를 인지하고 환경에 적응하며 조금 더 발빠르게 변화의 적응과 적용을 통해 동물병원과 개인이 성장하기를 원하기 때문이다. 그런데, 특별함과 차별화를 전달하기 위해 반드시 알아야 하는 것이 한가지 있다. 바로 동물병원의 본질적 요소인 기본을 탄탄하게 다지는 것이다.

그렇다면 내가 고집하고 굽히지 않는 '기본'이란 무엇일까? 동물병원CS를 위해 갖추어야 할 기본에 대해서는 뒤에 이어질 내용들을 통해 좀 자세하게 이야기해보자.

성공한 곳에 특별함이 있다고 생각했는가? 성공하기 위해 가장 중요한 요소가 기본을 지키는 것이라면 성공을 하는 방법이 매우 쉽다고 생각할 수도 있을 것이다. 그러나 실제로 아무나 성공할 수 없는 이유는 기본을 지키고 그것을 계속 유지한다는 것은 속도가 매우 더디고 따분한 과정에서 오는 지루함과 고통을 이겨내기가 그만큼 힘들기 때문이다. 그 과정 속 고통을 인내하고 이겨낸다면 어쩌면 성공의 기회는 모두에게 평등하게 주어지는 것이 아닐까?

동물병원을 내원하는 보호자와의 관계의 시작과 끝 사이, 항상 기본을 채우고 유지하는 충실함이 변하지 않는다면 고객들도 분명, 특별하지 않은 곳에서 느껴지는 고객만족의 특별함을 경험하

24

게 될 것이다.

■ 사소한 것이 중대한 것이다

‘사소하다’는 사전적 의미로 보잘 것 없이 작거나 적다는 뜻을 담고 있다. 물론 사소하다는 의미는 주관적인 부분이라 사람마다 각자 기준이 다르다. 하지만 고객만족에 대한 조사(고객만족도조사, 모니터링 등) 결과를 분석해 보면 대부분의 고객들은 아주 사소한 것에서 감동받고 만족을 느끼거나 불쾌감을 느껴 불만족을 표현한다. 그럼 사람마다 주관적일 수 있는 사소한 것의 기준을 어떻게 정하는 것이 좋을까? 나는 고객만족도 조사와 현장모니터링 등 CS 컨설팅을 위해 진행되는 모든 접점에서 ‘접점 체크리스트’ 등의 매뉴얼을 기준점으로 삼는다. 이 매뉴얼들은 컨설팅을 진행하는 컨설턴트의 주관적인 관점이 최대한 들어가지 않도록 매우 객관적 지표를 통해 기획된 세부항목들의 총합으로 이루어져 있다.

그럼 지표가 되는 매뉴얼대로만 이행되면 과연 고객만족이 완성될까? 안타깝게도 아니다. 표준지표가 되는 매뉴얼을 통해 완성하고자 하는 것은, 고객만족이 아닌, 수많은 변화 요소가 빈번하게 발생하는 동물병원CS의 현장에서 고객불만을 최소화시키고 동일한 불만 상황의 반복을 줄여 점차적으로 고객불만 제로베이스로 만드는 것이 목표이기 때문이다. 즉, 가장 기본적 요소인 표준화된 접점의 항목들을 기본적으로 지키지 않는다면 고객만족을 절대 완성할 수 없다. 고객불만 제로베이스라는 것이 고객불만이 없는 상태가 아닌, 고객들이 우리 병원에 불만도 만족도 없는 제로베이스 상태라는 것을 정확히 이해하고, 여기에 사소한 것들을 추가로 더했을 때 고객이 만족할 확률이 높아지고, 작고 사소한 것이 완성되어야 결국 우리가 궁극적으로 추구하는 고객만족을 위한 좋은 고객 경험의 성공의 성패가 좌우된다는 것을 꼭 기억하길 바란다.

동물병원 양극화와 플렉스 팻 소비시장
성장의 기회 : 브랜딩과 CS차별화

02

■ 반려동물의 삶, 뚜렷해진 양극화 현상

"시간이 지날수록 잘 버는 동물병원은 더 잘 벌고, 안되는 동물병원은 더 안된다"

임상수의사 사이에서 흔히 언급되는 속설이다. 이는 많은 현업 수의사들의 경험으로 구전되어 명확하게 뒷받침되는 근거는 없지만 일명 '~카더라'로 보편적으로 받아들여지고 있다. 이런 동물병원의 양극화 현상을 2021년 경제적 불평등을 나타내는 로렌츠 곡선과 지니계수로 분석한 결과, 실제 잘되는 동물병원은 더 잘된다는 결과가 도출된 기사가 있다. 그 내용을 요약해보면, 영업이익 상위 10% 동물병원이 전체 사업자군 수익의 38%를 가져가며, 개별 동물병원 경영 양태에 따른 수익 양극화가 겉으로 보이는 매출 격차보다 더 클 수 있음을 암시한다고 말한다. 이러한 결과가 '과거보다 규모가 커진 대형 동물병원의 비율이 높아졌기 때문은 아닐까?'라고 생각될 수 있다. 따라서 종사자수 3인 이하인 데이터만을 별도 분리해 1인 동물병원 그룹으로 간주하여 분석한 결과, 3인 이하 사업장으로 한정하더라도 동물병원 간 매출과 이익 양극화 현상은 점차 심화되고 있는 것으로 나타났다. 이 같은 현상은 다른 보건사업자 전문직역군과 비교했을 때 양극화 현상(소득 격차)이 더 크게 벌어지는 것으로 나타났다.

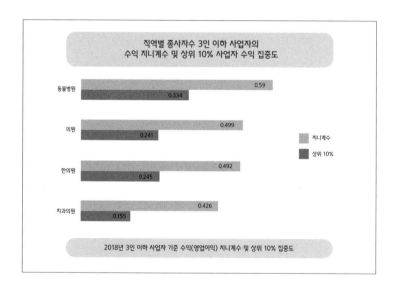

즉. 동물병원 개원은 의료계열 전문직역의 개원보다 기대수익의 불확실성이 크지만, 직역 내부에서의 경쟁을 이겨내고 상위 그룹이 되었을 때 가져갈 수 있는 수익의 크기가 상대적으로 크다고 볼 수 있다.[1]

---

1) "잘 버는 동물병원이 점점 더 잘 번다", 《데일리벳(dailyvet.co.kr)》 ※ 참조

이렇게 같은 환경 속 양극화 현상이 심해지는 것에는 물론 다양하고 복합적인 이유가 존재하겠지만, 나는 원장님들께 다음 두 가지 변화를 꼭 인지하기를 권한다.

첫째, 동물병원이 지니고 있는 소프트 스킬(Sofe Skill : 커뮤니케이션, 협상, 팀워크, 리더십 등을 활성화 할 수 있는 능력)의 차이, **둘째**, 소비자들의 소비패턴의 변화이다.

먼저, 소비자들의 소비패턴 변화를 간단히 이야기해 보자. 고가 아니면 저가만 남는 일명 양극화 현상, 가성비 시대는 이미 예전에 지나갔다 이야기하지만, 코로나 이후 시간이 지날수록 더 뚜렷해지고 심화되고 있다. 작년 연말에도 20만원에 육박하는 특급호텔의 뷔페는 몇 달전부터 예약마감이 되었고 대기까지 마감되어 예약하기가 하늘의 별따기였다.

한편 가성비를 추구하는 알뜰족들은 편의점에서 판매하는 최저 1900원 김밥부터 5000원 이하의 다양한 도시락을 소비하는 패턴을 보이며 작년대비 편의점 도시락 매출은 40% 증가했다고 한다. 20만원 vs 1900원, 이러한 극심한 소비 양극화 현상이 아마도 시간이 지나면 지날수록 더욱 심화될 것이라고 전문가들은 이야기한다. 그렇다면 이런 소비자의 소비패턴 변화가 동물병원을 내원하는 고객들에게만 예외가 될 수 있을까?

■ 펫 휴머나이제이션, 반려동물도 가족이다!

||||||||||||||||||||||||||||||||||||||||||||||||||||||||||||

펫코노미라는 말을 들어 본 적 있는가? 반려동물을 의미하는 펫(Pet)과 경제(Economy)의 합성어로 반려동물 관련 시장 및 산업을

일컫는 신조어이다.

농림축산부와 산업연구원의 통계에 따르면, 국내 반려동물 관련 시장의 규모는 2018년 2조 8900억원에서 2023년 3조 4000억원으로 성장하고, 2027년에는 6조원을 넘어설 것으로 전망했다. 또한 반려가구가 많아지면서 사료, 의료 중심이었던 반려동물 산업이 여행, 금융, 정보기술(IT), 부동산, 건설업계, 유통업계 등 다방면으로 확산되는 추세이다. 이러한 추세로 펫팸족(반려동물의 Pet+가족의 Family), 펫콕족(Pet+집콕), 펫리미엄(Pet+프리미엄) 등 펫 관련 신조어들이 생겨났다. 반려동물 관련 프리미엄 제품과 서비스를 원하는 고객을 지칭한다.

특히 펫리미엄의 트렌드 변화를 명품브랜드에서도 놓치지 않았다. 프라다는 시그니처 나일론 소재로 만든 반려견용 레인코트를 출시하고, 펜디는 갈색의 반려견용 코트를, 몽클레어에서는 반려견용 패딩을 출시했다.

여행의 경우 반려동물과 함께 가는 것에 중점을 두고 반려동물 동반 가능 여부와 편의 시설 제공 여부가 숙소를 정할 때 결정적 요인으로 작용하고 있다. 숙박 플랫폼 '여기어때'의 경우, 2022년 대비 1년만에 118%로 거래액이 증가하여 전체 거래액의 10%를 차지하는 규모로 성장했다.

이런 소비패턴의 변화에 따라 특급호텔과 고급 리조트에서도 반려동물과 함께 머물 수 있는 전용 객실을 갖춘 펫캉스(펫+바캉스) 상품을 출시하고 있다.[2]

---

2) "반려인구 1500만 시대 6조 시장 규모의 펫코노미", 《테크42(tech42.co.kr)》 ※ 참조

코로나19로 거리두기, 재택근무 등 언택트 문화가 지속, 확산되고 1인가구와 딩크족의 증가, 고령화 시대가 되면서 사람과의 접촉과 교류가 줄어들고 집에서 혼자 보내는 시간이 늘어나면서 사람들의 외로움을 채워주고 마음의 위로를 전해주는 반려동물의 수가 급속히 늘어났다.

이렇게 급성장하는 반려동물 시장의 변화는 이제 펫코노미를 넘어 펫 휴머나이제이션(Pet+Humanizaion : 반려동물을 가족의 구성원으로 인간시하여 대하는 현상)의 트렌드로 확산되고 있다. 이러한 트렌드의 변화가 나는 그리 놀랍지 않은 건, 실제 동물병원에 내원하는 보호자들은 "우리 아이 괜찮을까요? 우리 아이 사진이나 영상 좀 보내주세요.", "우리 아이 기분 좋아 보이네요" 등 이미 오래전부터 환자(반려동물)를 '우리 아이'(아이:나이가 어린 사람, 자기자식을 낮추어 이르는 말)라고 표현하며 소통했기 때문이다. 오래 전 사람들이 강아지, 고양이를 애완동물이라고 말했다면, 지금은 반려동물로 지칭하니, 펫 휴머나이제이션이라는 트렌드의 변화는 어쩌면 당연한 결과가 아닐까?

이제 반려동물은 사람이 좋아하고 귀여워하며 즐거움을 누리기 위한 대상이었던 애완동물의 의미를 넘어, 우리에게 마음의 위로와 심리적 안정감을 전해주며, 사람과 정서적 교감을 나누고 더불어 살아가는 가족의 의미를 담게 된 것이다.[3]

■ 급성장과 변화의 과정엔 항상 위기와 기회가 공존한다

3) "2022 펫코노미 시대를 넘어 ② '반려동물 산업 성장배경과 기회모색'", 《한국반려동물신문(pet-news.or.kr)》(특집기획) ※ 참조

동물병원과 반려동물의 삶, 소비자의 소비패턴의 점차 뚜렷해지는 양극화 현상과 펫코노미, 펫리미엄 등 반려동물 시장이 급성장, 급변화하는 시기인 지금, 분명 누군가는 위기 속 기회를 포착하여 상위 10%의 잘나가는 동물병원으로 자리잡게 될 것이고, 누군가는 변화와 성장을 뒤로한 채 위기에 휩쓸려 잘 안되는 동물병원으로 뒤처질 것이다.

　그럼 규모가 큰 동물병원이라고 해서 무조건 기회를 포착하여 성공하는가? 1인 동물병원(소규모)이라고 성장하지 못하고 위기를 직면해 뒤처질 수밖에 없는가? 이 질문에 대한 대답은 당연히 'NO'다. 물론 규모가 큰 동물병원은 다수의 원장들이 동업을 통해 비교적 여유 있는 자본을 형성해 큰 규모, 좋은 병원 시설, 장비, 충분한 인력을 확보하여 개원할 수 있고, 그만큼 보호자들의 선택을 받을 수 있는 기회가 비교적 많음은 분명하다. 하지만, 병원의 규모는 더 이상 동물병원의 성공적 개원을 위한 필수 조건이 아니다. 심해지는 동물병원의 양극화 현상 속 기회를 포착하기 위해서는 병원이 현재 가지고 있는 강점과 약점, 그리고 실제 우리 병원이 고객에게 제공할 수 있는 인적, 시설, 진료서비스의 고객 경험 범위를 정확히 파악하여 규모와 현실에 맞는 차별화된 브랜딩과 CS 전략이 반드시 필요하다.

25년전 어린이병원시장과 유사한
급속 성장의 기회 : CS문화가 매출 성장

03

■ 전문성과 신속함이 더해진 전문병원 전성시대

불과 10년 전만 해도 깊게 하나만 잘하는 사람보다는 다방면으로 무엇이든 잘하는 사람이 대접받는 시대였다. 그러나 지금은 한 가지 특정 분야에서 뛰어난 역량을 가진 전문가의 시대로 변화했다. 이러한 변화의 흐름은 의료기관 역시 마찬가지다.

2000년대 초반, 전문병원은 본격적으로 성장하여 2011년 전문병원 전성시대를 정부가 '공인'했다. 보건복지부는 99개 병원을 전문병원으로 지정했고, 이들 병원은 향후 3년간 보건복지부 지정 전문병원 명칭을 사용할 수 있으며, 이후 정부 평가를 통해 재지정 여부가 결정된다고 발표했다. 전문병원 시대가 본격화된 것이다. 전문병원은 의료비는 병원급이지만 의료수준과 질은 대학병원을 뛰어넘는다는 평가를 받고 있다.

그렇다면 전문병원의 가장 큰 강점은 무엇일까? 바로 신속함이다. 대학병원의 경우 일부 센터 중심의 진료를 제외하면 외래접수, 진료, 검사, 입원, 수술 등의 과정에 2~3주에서 1개월 이상 소요되기도 한다. 그럼에도 불구하고 사람들이 대학병원을 선호하는 이유는 바로 믿을 수 있는 의료진의 실력과 위급 상황 발생시 타 과와 신속한 협진이 가능하다는 점에서 심리적 안정감을 느끼기 때문이다. 반면 내원 환자들의 서비스의 만족도는 다소 낮은 편이다. 대기시간이 워낙 길고, 의료진을 만나기까지의 절차가 매우 까다로우며, 개인별 밀착된 원스톱 서비스나 환자와 의료진과의 매끄러운 소통이 불가능하기 때문이다. 전문병원은 대학병원이 가진 강점을 그대로 가져오면서, 보호자가 느끼는 단점은 보완하여 보호자가 원하는 병원의 전문성을 가지고 원스톱 진료 서비스가 가능한 곳이다. 이런 이유로 시간이 지날수록 환자들은 전문병원의 중요성을 몸소 체감하고 있다.[4]

결국 병원의 전문성이 동일하게 갖추어진다면, 사람과 병원을 이어주는 소프트스킬이 얼마나 잘 구축되어 있는지가 고객이 병원을 선택하는 결정적 요소로 작용하는 것이다. 이제는 동물병원도 예외가 아니다. 현재의 동물병원은 환경의 변화, 소비자 인식의 변화, 서비스 트렌드의 변화에 맞게 사람 병원의 과거 급속 성장과정과 매우 유사한 흐름을 보이고 있다. 반려동물을 가족처럼 생각하는 인식이 늘어남에 따라 고객들은 비용보다는 전문적 치료를

4) "21세기는 전문가 시대다", 《새만금일보 (smgnews.co.kr)》 / "[전문병원 전성시대] 더 나은 '전문성', '시술경험'으로 대학병원 뛰어넘는다", 《조선일보(chosun.com)》 / "대학병원 장점에 신속함 더한 '전문병원' 시대"(khan.co.kr)" ※참조 / "동물병원도 전문 치료 시대…, 안과·치과 전공의 있나요?"(newsis.com) ※참조

원하며, 노령견, 노령묘의 증가에 안과, 치과, 피부과 등 특정 과목을 전문적으로 다루는 병원에 대한 수요가 높아지고 있다. 실제 반려동물을 키우는 보호자들은 반려동물의 나이가 많아질수록 정기검진을 통해 전체적인 건강을 미리 체크하고 특정 부위에 이상 징후가 있으면 종합병원보다는 전문병원을 찾아가며, 아무 병원에서나 치료받게 하고 싶지 않다는 생각을 가지고 있으니 말이다.

▌병원의 특수성이 아닌, 환자의 특수성에 초점을 맞춰라

'병원' 하면 어떤 이미지가 떠오르는가? 흰 벽, 단조롭고 딱딱한 느낌의 인테리어, 아직까지 대다수의 사람에게는 병원이란, 조금 무섭고 불편한, 그래서 그다지 오래 머무르고 싶지 않은 공간이라는 인식이 강하다. 필자 또한 감기로 병원을 다녀오면 왠지 몸이 더 아픈 것 같은 느낌이 드니 말이다. 성인들의 인식도 이러한데, 아이들은 어떨까? 아마도 아이를 키우는 부모님들, 조카가 있는 사람들은 병원 가자는 말만 나와도 눈물을 터트리는 아이들을 본 경험이 아마 한 번쯤 있을 것이다. 병원은 매우 특수한 환경을 갖춘 곳이라고 모두가 입을 모아 이야기한다. 생명을 다루는 곳이니 어쩌면 당연한 말일지 모른다. 그런데 나는 이런 부분에 대해 조심스레 '고정관념이지 않을까?'라는 생각을 해본다.

그런데 이러한 병원의 고정관념을 바꾼 곳이 있다. 바로 텍사스 스코티쉬라이트 어린이 전문병원이다.

생명을 다루는 병원들도 이제는 환경과 서비스의 트렌드의 변화, 고객의 욕구 진화와 세분화에 따라 과거 병원 중심에서 지금은 환자 중심의 병원으로 변화하고 있다. 아동전문병원을 이용하는 아동의 경우 환경에 대한 실체를 받아들일 수 있고 풍부한 가능성까지 상상해 낼 수 있는 많은 잠재력을 가지고 있어 주어진 환경에 다양하게 반응하며, 인간의 감각기관들 중 학습이나 정보를 받아들이는 비중의 83%가 시각이 차지하므로 적절한 환경과 시각적 측면을 고려한 병원의 공간은 환자의 심리적 안정감을 통한 치유의 속도나 병원의 경쟁력을 위해서도 중요하다. 또 나아가 아동환자뿐 아니라 보호자들도 함께 고려한 공간이 필요하다. 아동병원의 환자중심적 변화는 어쩌면 당연한 순서다.[5]

미국 텍사스주 댈러스시에 위치한 이 병원은 90주년을 훌쩍 넘긴 오랜 전통을 자랑하며, 매년 4만 명의 외래환자와 1만 5천 명의 입원 환자가 찾는 병원이다.

---

5) (http://www.detra.org/down/html_date/35) ※참조

아이들의 눈높이에 맞춘 병원! 해외 어린이병원 사례
: 텍사스 스코티쉬라이트 어린이병원 (tistory.com)

　병원을 무서워하는 아이들에게 호기심을 자극할 빨간 크레용 기둥, 진료에 거부감을 줄이기 위해 아이들이 좋아하는 이름이 적힌 진료실, 놀이와 치료를 함께 병행하는 공간 등 병원 내 모든 공간이 어린이들의 눈높이에 맞춰진 배려가 가득 느껴지는 따뜻한 공간이다.

　서울대어린이병원은 어린이 환자들을 위한 다양한 이벤트가 진행된다. 각 층마다 다른 테마의 포토존을 설치하고 엘사, 울라프,

백설공주, 스파이더맨, 캡틴아메리카 등 아이들이 좋아하는 캐릭터가 등장해 환아들과 함께 사진을 찍고 선물도 건네준다. 병원에서 병마와 힘든 과정을 이어

출처: 서울대어린이병원, 환아들에게 특별한 추억 선물
(메디칼업저버/monews.co.kr)

나가는 아이들에게 이런 이벤트들은 치료 그 이상의 마음을 어루만져주는 따뜻한 시간이지 않을까?

어린이 전문 치과에서도 환자 중심의 공간을 확인할 수 있다. 어린이 치과의 경우 아이들이 가장 두려워하는 치과 치료에 대한 두려움을 최소화시켜주기 위해 치료실을 아이들이 좋아하고 재미있는 캐릭터들과 누우면 천정에 아이들이 좋아하는 영상이 나오게끔 위치되어 있는 것을 볼 수 있다. 이러한 실제 병원의 사례를 봐도 이제 동물병원들도 환자와 보호자 중심형 병원으로 변화하는 과제를 맞이하게 된 것이 아닐까?

강북구 성북구 미아 어린이치과 – 아이세상치과 : 네이버블로그 (naver.com)

■ 환자와 보호자 두 마리의 토끼를 잡는다는 것

IIIIIIIIIIIIIIIIIIIIIIIIIIIIIIIIIIIIIIIIIIIIIIIIIIIIIIIIIIIIIIII

동물병원과 어린이병원의 공통점이 무엇인지 알고 있는가? 바로 병원이 고려해야 할 접점의 대상이 환자와 보호자 2명(개)인 것. 그리고 또 하나는 환자가 모두 본인이 아픈 곳을 정확하게 스스로 이야기하지 못한다는 것이 있다. 좀 더 정확히 말하면, 어린이들은 아픈 상태를 정확하게 표현하지 못하는 것이고, 반려동물은 말을 하지 못한다는 점이다. 환자와 함께 오는 보호자들이 어린이와 반려동물 모두를 "우리 아이"라고 표현하니 무리한 비유는 아닐 거라 생각된다.

그렇다면, 동물병원이 환자 중심이 되기 위해서는 반려동물에게만 초점을 맞춰야 하는가? 그건 아니다. 어린이 전문병원에서도 함께 내원한 보호자들이 좀 더 편하게 쉴 수 있는 공간과 편리한 예약과 접수 등 직접 병원을 선택하는 대상인 보호자에게 초점을 맞춘 고민의 흔적이 묻어나 있듯이, 동물병원 역시 결국 병원을 선택하는 건 보호자이기에 이들의 관점에 초점을 맞춘 준비가 필요하다.

여기 A와 B, 2개의 동물병원이 있다고 가정하자. A동물병원은 보호자가 편하게 대기할 수 있는 쾌적한 공간, 편리한 예약 시스템, 눈으로 직접 확인하는 진료과정과 쉽고 구체적인 진료상담, 친절한 고객응대 서비스를 제공한다. B동물병원은 다소 낡고 오래된 시설, 좁은 대기공간과 좋지 않은 냄새, 예약이 되지 않고 내원 순서대로 접수되는 시스템, 수의사의 판단에 따라 사전 설명없이 진행되는 처치, 보호자의 감정과 의견이 고려되지 않는 일방적 진료 상담, 무표정한 고객응대가 제공된다.

당신이 고객이라면 과연 어떤 동물병원에 내원하고 싶겠는가? 물어볼 필요도 없이 당연히 A일 것이다. 누군가는 "보호자가 가장 원하는 건 질병을 나아지게 하는 실력 있는 의료진이 있는 병원인데?"라고 반문할 것이다. 혹시 그런 생각을 지금 가지고 있다면, 이 시간 이후 떨쳐버리길 바란다. 더이상 그 누구도 따라할 수 없는 독보적 진료 기술은 존재하지 않는다. 단, 의료진의 경험의 차이는 존재하겠지만, 경험은 시간과 함께 축적되니, 시간이 지날수록 동물병원 진료 수준은 더욱 평준화가 될 것이다. 이미 고객들에게 질병을 치료하는 의료진의 실력은 병원이라면 당연히 제공해야 할 필수 서비스의 조건으로 인지되어 있기 때문이다. 의사라면 당연히 갖추어야 할 전문성, 반려동물이라는 환자와 보호자를 배려한 병원 공간에서의 편안함, 그리고 환자와 보호자를 배려하는 공감과 따뜻한 마음, 즉 시설·진료·인적서비스의 3가지 요소가 교집합이 되었을 때 비로소 심화된 경쟁의 대열에 진입 후 성공의 가능성을 들여다볼 수 있게 된다.

두 마리의 토끼를 잡는다는 건 두 마리 토끼를 잡으려다 둘 다 놓친다는 부정적 의미와, 한 가지 일을 해서 두 가지 이득을 본다라는 긍정적 의미를 모두 가지고 있다. 앞으로 동물병원 시장은 보호자와 환자라는 두 마리 토끼 중 한 요소를 충족시키는 것이 아닌, 시대와 환경의 변화, 고객 내원 욕구 변화에 따라 진료와 서비스, 즉 사람과 병원을 이어주는 CS를 통해 보호자와 환자 모두를 만족시키는 일석이조, 일거양득의 결과가 분명 필요하다는 것을 기억하자.

최신장비의 한계를 극복하는
동물병원CS 파워

04

■최신 장비 도입, 기대와 한계가 공존한다

"대학병원 수준의 최신 장비를 갖추고 있습니다."

"국내 동물병원 최초 도입, 더 이상 특별할 수는 없습니다."

국내 대형 동물병원들이 앞다투어 최신장비를 도입하여 홍보한다. 동물병원에서 MRI라니! 예전엔 과연 상상조차 할 수 있었을까? 동물병원에서 교육을 진행하며 근접해 있는 나조차 동물병원이 정말 가파른 속도로 무섭게 성장하고 변화하고 있다는 생각이든다. 규모가 크면 클수록, 규모에 맞는 최신 장비와 다른 동물병원에서 검사할 수 없는 특화된 치료를 위한 장비들을 발빠르게 도입하고 고객에게 제공한다. 정말 대학병원과 같이 모든 과가 집결되어 있어, 크고 작은 검사와 치료가 원스톱으로 이루어지는 진료서비스를 구축하고 있다. 보호자들이 내 가족과 같은, 가족이라는 의미의 반려라는 단어를 사용하듯, 이제는 조금 더 정밀하고 정확한 검사를 원하고 오진의 편차를 더 줄이고 싶어한다는 보호자의 니즈와도 일맥상통한다.

동물병원이 새로운 장비를 도입하고 규모를 확장해갈수록 병원을 내원하는 보호자들의 기대도 함께 높아진다. 최신 장비가 갖추어져 있는 대형 동물병원에 가면 아픈 반려동물이 조금 더 정확한 진단과 체계적 치료를 통해 빠르게 회복할 수 있을 거라는 기대, 큰 규모만큼 의료진의 실력도 당연히 최고일거라는 기대, 큰 규모와 전문적 실력을 갖춘 병원이기 때문에 믿을 수 있는 신뢰감과 더 세심하고 친절한 응대와 케어가 이루어질 거라는 기대를 하게 된다. 사실 지금은 전국 어느 동물병원에서도 볼 수 없는 유일무이한 최신장비를 갖추고 있다는 것은 분명 현재 동물병원의 고도화되는 경쟁 시점에 고객을 모이게 하는 효과와 매출을 높일 수 있는 경쟁력이 있는 건 확실하다.

그렇다면 이런 효과와 경쟁력은 언제까지 가능할까? 안타깝게도 근접해 있는 다른 동물에서 같은 장비를 도입하는 순간 사라지게 된다. 병원의 브랜딩을 위한 요소 중 최신 장비도입과 최신 기술 도입 등을 통틀어 기능적(기술적) 차별화라고 이야기한다. 차별화라는 것은 다른 병원에서 없는 것을 우리 병원에서만 제공하여 경험한다는 것을 의미하는데, 기능적(기술적) 차별화의 경우 처음 도입했을 때의 파급효과가 매우 크게 나타나지만, 장비가 보편화되거나 경쟁병원에서 도입을 하게 되는 그 즉시 효과는 사라지게 된다는 점이다. 그럼 많은 비용이 드는 최신장비, 기술 등을 도입하는 것이 비효율적인 것일까? 물론 아니다. 기능적, 기술적 측면의 차별화에만 집중하는 것이 아닌, 사라지지 않는 고객의 경험적 가치의 본질에도 집중해야 한다는 것이다.

■ 만족의 주체는 결국 사람이다

ⅢⅢⅢⅢⅢⅢⅢⅢⅢⅢⅢⅢⅢⅢⅢⅢⅢⅢⅢⅢⅢⅢⅢⅢⅢⅢⅢⅢⅢⅢ

'써마지'라는 장비를 한 번쯤 들어본 적 있을 것이다. 피부과 의사들이 가장 애정하고 오랜 기간 많은 고객에게 사랑받고 있는 피부 리프팅 장비이다. 20년의 기간 동안 꾸준한 발전을 통해 이제 4세대 '써마지flx'가 출시되었으니, 이 장비의 안정성과 효과는 두말하면 입이 아프지 않겠는가?

'갑자기 왜 피부과 리프팅 레이저를 이야기하지?'라고 생각하는 원장님들이 있을 것이다. 그렇다면 지금 핸드폰 인터넷 검색창에 '써마지flx'라고 검색을 해보자. 그리고 그 레이저 장비를 갖추고 있는 병원이 몇 곳이 있는지 세어보자. 정확한 숫자를 카운팅하는 것이 가능한가? 아마 불가능할 것이다. 강남, 청담 등의 지역에서는 없는 병원을 찾기가 더 쉬울 수도 있겠다.

하지만 이 써마지 장비도 불과 5년, 더 거슬러 올라가 10년 전만해도 이렇게 많은 병원들이 도입해서 사용하는 기계는 아니었다. 그럼 과연 향후 5년 뒤, 10년 뒤에도 동물병원에 MRI가 있다는 것이 국내 최초, 최고 수준의 최신장비, 더 이상 특별할 수 없는 차별화적 요소가 될 수 있을까?

물론 지금 장비의 보편화만를 이야기하는 것은 아니다. 그보다 더 중요한 것이 바로 장비를 선택하는 고객들의 기준이다. 다시 써마지 리프팅을 받기 위한 병원을 선택하는 기준에 대해 이야기해

보자. 인터넷 검색창에 검색한 결과를 보면 알겠지만, "장비를 가지고 있는 병원 중에 가장 가까운 곳을 선택해야지"라고 생각하는 고객은 단 한 명도 없을 것이다. 300만원 내외하는 고가의 비용을 지불해야 하는 고객들은 병원 선택에 있어 정말 많은 기준들이 있겠지만, 그 중 가장 중요한 부분이 바로 그 장비를 다루는 의료진의 실력이다.

실제 미용관련 커뮤니티, 유튜브, 카페, 검색창 등의 연관 검색어를 살펴보면 '써마지 키닥터[6]'라는 단어가 많이 나오는데, 고가의 레이저 시술인 만큼 경험이 많고 실력이 인증된 의사에게 받고 싶은 니즈가 가장 큰 것이다. 그리고 대부분 피부과 홈페이지를 보면 이러한 최신 장비들을 단 한 곳도 "우리 병원은 '써마지flx'를 가지고 있습니다"라고 홍보하지 않는다. 지금 일부 원장님들은 '피부과와 동물병원을 비교하는 자체가 말이 안 되는 것 아닌가?'라고 생각할 수도 있다. 물론 피부과와 동물병원은 사람과 반려동물, 미용목적과 질병목적이라는 서로 다른 각각의 특수성을 가지고 있지만, 과연 병원을 선택하는 고객의 기준 또한 상이하게 다르다고 자신 있게 말할 수 있는가? 피부과와 동물병원은 '병원'이라는 동일한 특수성에 기반한다. 피부과를 선택하는 고객은 장비를 다룬 경험이 많은 피부과 전문의에게 1:1 맞춤 디자인을 통해 안전하게 리프팅 레이저 시술을 받고 싶어하는 욕구가 있다. 동물병원을 내원하는 보호자는 나의 반려동물이 MRI장비를 가장 많이 다뤄본 경험 많고, 결과를 가장 치밀하게 분석하며 전문적이고 정확한 소견

---

6) 키닥터 : 의사들을 대상으로 의료 신기술 등을 가르치는 실력을 가진 의사. 일명 의사를 가르치는 의사

으로 보호자가 안심할 수 있게 진단할 수 있는 수의사를 원한다. 이처럼 서비스의 대상은 달라도 욕구는 동일하다. 바로 장비의 성능을 보고 선택하는 것이 아닌, 장비를 다루는 의사의 전문성을 보고 선택한다는 것이다.

병원이기 때문에 어쩔 수 없이 가장 본질적인 중요성은 의료진의 실력이다. 그리고 두 가지 모두 매우 고가의 장비이기에 지불하는 비용이 높으면 높을수록 어쩌면 고객들에게는 당연한 선택의 결과이지 않을까? 정말 단순하고 쉽게 생각해보면, 같은 다이슨 드라이어를 사용해서 머리를 만지더라도 사람에 따라 다른 결과가 나오는 것을 볼 때, 어떤 장비를 누가, 어떻게 사용하는가가 당연히 더 중요하지 않을까?

지금도 많은 동물병원들은 대부분 장비의 기능적 장점인 기술, 화질, 오차범위, 검사 시간 단축 등을 보호자들에게 전달한다. 하지만 아이러니하게 장비가 도입되고 차별화 기능이 사라진 후에도 고객이 만족하는 결과를 지속적으로 낼 수 있는 건 바로 장비를 사용하는 수의사의 전문성과, 보호자에게 장비를 사용하는 진료과정과, 결과를 전달하는 수의사의 소통 능력이다. 나 또한 피부과를 선택할 때의 가장 중요한 기준은 의사의 많은 경험과 전문성, 1:1 환자 개인별 맞춤 상담과 꼼꼼하고 세심한 시술을 진행하는 좀 더 프라이빗한 병원인가이다. 이렇듯, 동물병원을 내원하는 보호자들도 결국 대학병원 수준의 최신 장비, 국내 최초 도입, 더 이상 특별할 수 없는 모든 최신 장비를 다 갖춘 병원을 원하는 것이 아니다.

보호자의 입장에서 생각해보자. 국내 동물병원 최초 도입한 아주 특별한 MRI를 사용하는 병원과, 환자의 상태에 따라 숙련된 경험을 가진 의료진이 MRI를 통해 진단한 결과를 정확하게 판단하여 보호자와의 충분한 진료상담을 통해 안전하고 전문적으로 치료하는 병원 중 원장님들은 과연 어느 곳을 선택할 것인가? 당연히 후자일 것이다. 결국 장비를 사용하는 것도, 최신 장비가 가진 강점을 잘 포장해서 전달하는 것도, 그리고 결국 만족을 결정하는 것도 모두 사람이니 말이다.

고객만족을 결정하는 것이 결국 사람이라는 말은 최신장비와 동물병원CS 중 하나를 선택하는 양자택일과는 다소 차이가 있다. 최신장비가 없으면 CS가 필요하지 않을까? 꼭 최신 장비를 도입하고 난 뒤 CS를 적용해야 하는가? 물론 답은 '전혀 그렇지 않다'이다. 내가 동물병원 CS컨설팅을 시작할 때 원장님들께 가장 먼저 이야기하는 부분이 바로 "기본에 충실한 병원이 되고 난 뒤 차별성을 도입하세요"이다. 보호자의 입장에서 반려견(묘)의 상태를 쉽게 설명하고 궁금해하는 부분을 명쾌하게 답하며, 친절하고 따뜻한 공감의 소통이 가능한 수의사팀, 자주 오는 보호자를 먼저 알아 봐주고, 밝게 웃으며 친절하게 눈높이에 맞는 응대서비스를 제공하는 매니저팀, 입원한 반려견(묘)들을 애정으로 돌보고, 처치 후 환자 인계 시 보호자와 눈으로 함께 상태를 확인하고 더 궁금하고 걱정되는 부분이 없는지 먼저 물어볼 수 있는 테크니션팀. 이렇게 우리 병원이 CS의 기본인 맨 파워가 잘 갖추어져 있다면 최신장비가 없더라도 충분한 고객만족을 형성할 수 있으며, 언제든 최신장비를 도입하여 효과를 극대화할 수 있는 준비가 되어 있는 것이다. 병원에 규모와 매출에 따라 최신 장비 또한 정확한 진단과 보호자

니즈에 맞는 병원의 성장을 위해 꼭 필요한 요소임은 분명하다. 하지만 그 이전에 최소 비용을 통해 최대 효율성을 극대화시킬 수 있는 우리 병원의 맨 파워의 요소가 반드시 먼저 점검되어야 한다는 것을 잊지 말자.

동물병원 시장 시즌2
: 개원이 성공이 아닌 시대

■ 개원=성공 규칙이 사라진 환경의 변화

10년 전 동물병원의 모습을 떠올려보자. 내시경을 직접 눈으로 보고 확인하고, 초음파로 정밀 진단이 불가능했던 환경, 그만큼 동물병원의 수도 훨씬 적어 수요보다 공급이 적은 시절이었다. 10년 전에 동물병원을 개원했던 원장님들이라면 그땐 그랬지라며 웃으며 공감할 수 있을 것이다. 그리고 그 당시 장비가 없어, 치료 방법이 개발되지 않아 안타깝게 무지개 다리를 건넜던 반려견(묘)들을 생각하며 '지금 내원했다면 충분히 나아질 수 있었을텐데…'라는 안타까운 생각도 들 것이다. 반면 현재 모습은 어떠한가?

"10년간 1,400개 늘어난 동물병원"

이제는 동물병원 개원=성공이라는 규칙이 깨졌다는 것이 이 문장으로 체감될 것이다. 2022년 말 기준 국내 동물병원은 5053개소로 2012년 말까지 영업 중이던 동물병원이 3641개소였으니 10년간 1412개소가 늘어나 39%가량 증가하였다. 매년 350개 안팎의 동물병원이 문을 연 것이다.

2013-2022년 전국 동물병원 개·폐업 추이

(자료 : 행정안전부 동물병원 데이터 분석 ⓒ이규영)

반면 폐업도 꾸준히 증가했다. 2013년 179개소였던 연간 폐업병원은 2019년 248개소로 늘었고 코로나 기간 신규 대비 폐업 비율은 감소했지만, 2022년 91%까지 상승하면서 '다시 레드오션이 심화된 것 아니냐'는 지적이 나온다.

	2019년		2020년		2021년		2022년		합계		
	개업	폐업	개업	폐업	개업	폐업	개업	폐업	개업	폐업	폐업률
강남구	5	6	6	4	9	5	4	3	24	18	75%
강동구	2	1	5	4	5	0	4	3	16	8	50%
강북구	2	2	0	0	2	0	1	0	5	2	40%
강서구	2	2	3	1	4	2	1	1	10	6	60%
관악구	2	2	2	1	0	0	1	2	5	5	100%
광진구	1	2	0	1	1	4	0	2	2	9	450%
구로구	0	1	6	0	2	0	0	0	8	1	13%
금천구	1	0	0	0	0	0	1	0	2	0	0%
노원구	2	0	2	1	1	0	1	1	6	2	33%
도봉구	4	5	1	0	1	0	2	2	8	7	88%
동대문구	0	0	2	2	1	0	1	0	4	2	50%
동작구	1	1	2	1	0	1	0	3	3	6	200%
마포구	0	2	0	2	3	3	1	0	4	7	175%
서대문구	1	2	2	0	0	1	0	1	3	4	133%
서초구	4	2	1	2	2	2	2	0	9	6	67%
성동구	3	2	1	3	1	0	0	1	5	6	120%
성북구	2	0	2	0	0	2	1	1	5	3	60%
송파구	3	4	5	2	2	1	8	5	18	12	67%
양천구	4	4	3	1	2	0	1	2	10	7	70%
영등포구	5	4	1	0	3	2	2	1	11	7	64%
용산구	1	1	0	0	1	0	0	1	2	2	100%
은평구	1	1	3	1	3	1	2	0	9	3	33%
종로구	0	0	1	0	0	0	1	0	2	0	0%
중구	7	1	1	3	2	0	0	0	10	4	40%
중랑구	2	1	2	1	2	2	0	2	6	6	100%
합계	55	46	51	30	47	26	34	31	187	133	71%

2019-2022년 서울시 자치구별 동물병원 개·폐업 통계.
푸른색은 개업 우세, 붉은색은 폐업 우세를 나타낸다. 노란색은 동률을 의미한다.
(자료 : 행정안전부 동물병원 데이터 분석 ⓒ이규엽)

특히 서울이 타 지역에 비해 경쟁이 치열하다는 인식은 '년 생존
율'에서도 확인되었다. 2010년부터 2018년까지 서울에 개원한 동

물병원 669개소 중 개업 직후 5년간 생존한 비율은 68.5%(458개소)로 분석되었다. 이는 같은 기간 전국 평균(73.5%)보다 낮은 수치로, 서울이 상대적으로 5년을 버티기 어려운 축에 속하는 셈이다. 특히 강남은 9년간 114개 병원이 개업해 49개가 폐업했다. 강남구에서 2010년부터 2017년까지 매년 10개 이상의 동물병원이 개업했는데, 2015년에서 2017년 개업 병원을 제외하면 5년 생존율은 각각 50% 안팎에 머물렀다.[7]

점점 더 성장하고 커지는 시장의 규모 속에서 더 이상 동물병원은 '개원=성공'이라는 공식이 부합하지 않는 레드오션의 색이 더 짙어지고 있는 게 아닐까? 공급이 수요보다 현저히 넘쳐나는 개원과 폐업의 기로에 서있는 지금, 우리가 정확히 알아야 할 환경의 변화는 무엇일까?

가장 먼저, 공급이 많아진 만큼 고객에게 선택의 범위 또한 넓어졌다. 즉 접근성이 좋은 동물병원을 찾는 고객의 비율을 줄고, 내가 원하는 것을 제공하는 동물병원을 찾아 선택하는 보호자가 늘어났다. 즉, 경쟁의 범위가 우리 병원이 있는 지역에 국한된 것이 아닌 전국으로 확대된 것이다. 더 이상 개원하면 찾아오는 병원 중심이 아닌, 고객의 선택이 우선시되는 고객 중심의 환경에 놓여 있는 것이다.

그리고 이제 고객이 클릭 한 번으로 많은 양의 정보를 필요한 부분만 필터링 해서 손쉽게 얻을 수 있다. 홍수처럼 쏟아지고 제한 없는 정보 속에 파묻혀 살고 있는 지금, 단순히 정보전달 목적의

---

7) 국내 동물병원수 10년간 1,400개 증가..코로나 여파로 폐업 줄었다? - 데일리벳 (dailyvet.co.kr) ※참조

소통이 아닌, 수많은 정보 속에서 보호자가 궁금해하고 꼭 필요한 정보를 쉽고 정확하게 설명하는 것이 중요하다.

또 동물병원의 경쟁이 심화될수록 기능적(기술적) 차별화의 한계가 빠르게 다가온다는 것이다. 쉽게 설명하면 동물병원 CT, MRI 등과 같은 최신 장비를 도입했을 때 파급효과가 매우 크지만, 경쟁병원에서 똑같이 도입하는 순간 그 효과는 즉시 사라지게 되는 것이다. 이 부분에 대해서는 1-4장 최신장비의 한계를 극복하는 동물병원CS에서 자세히 다룬 이야기다.

마지막으로 가장 중요한 변화 요소는 고객 욕구의 진화이다. 자동차를 구매할 때 사람들은 어떤 구매욕구를 가지고 있을까? 대부분 안정성과 편의성을 고려해서 차를 구매한다고 생각하겠지만 사실 고객의 구매동기는 최소 7가지로 나뉜다. 실제 내가 벤츠코리아에서 고객만족 관련 교육을 진행할 때도 항상 강조했던 부분이다. 누군가는 편의성을 누군가는 경제성을 또 누군가는 이미지를 고려하는 다양한 구매욕구를 가지고 있다. 동물병원을 내원하는 보호자도 마찬가지다. 10년 전과는 다르게 세분화된 고객의 내원 욕구를 잘 파악하는 것이 중요하다.

■ 고객의 선택이 우선시되는 고객 경험 시대

고객의 입장에서 시간이 지나도 문득문득 생각날 정도로 마음을 움직였던 특별한 경험이 있는가? 과거에 만들면 팔리는 제품 중심의 환경에서, 이제는 고객의 선택이 우선시되는 고객중심의 환경으로 변화되어 오감을 만족시키는 경험 중심의 시대에 살고 있다. 고객은 비용을 지불하고 물건을 구매하지만, 기업의 이미지를 물건을 구매하는 전 과정에서 느꼈던 경험으로 기억한다. 물건의 성능이 좋아서 느낀 만족감은 시간이 지나면 금세 사라지지만, 구매 과정에서 느꼈던 경험의 만족은 아무리 오랜 시간이 지나도 문득 기억으로 상기되며, 그 기업의 긍정적 이미지를 함께 가져간다. 이미 오래전부터 많은 기업에서 이런 고객 경험의 중요성을 이야기하고 고객 경험 여정의 사이클을 구축하고 있다.

그럼 고객 경험은 어떤 의미를 가지고 있을까? '고객 경험(Customer Experience : CX)'이란, 여러 접점을 통해 고객과 기업이 관계를 이어가면서 사용자가 경험하는 모든 체험을 말한다. 실제 고객의 86%는 좋은 경험을 위해 더 많은 돈을 지불할 의향이 있다(《포브스》, 2020)고 한다. 그러나 실제 고객이 체감한 좋은 경험은 불과 1%에 지나지 않는다. 그만큼 고객의 입장에서 좋은 고객 경험을 제공한다는 것은 쉽지 않다. 그 이유는 기업들이 제공하는 고객 경험의 사이클이 매우 다양하고 풍족해지고 있기 때문이다. 여기서 나름 우리에게 희소식은 아직까지 동물병원에 내원하는 보호자들은 고객 경험의 경험치가 많지 않아 기대치 또한 매우 낮다는 점이다. '진짜 그럴까?'라고 생각되는 원장님들은 지금 당장 주변사람에게 '동물병원에서 기억에 남는 특별한 경험을 한 적 있는가?'를 질문해보라. 대부분은 아마 없다고 답할 것이다. 그리고 한 가지 더 분명한 건, 고객 경험에 기반하는 고객서비스 여정의 맵을 계획하고 구축하기 이전에, 반드시 우리 병원의 고객만족을 위한 기본적 요소들이 잘 갖추어져 있고, 갖추어진 부분들을 직원들이 고객에게 변질 없이 잘 전달할 준비가 되었는지를 체크하고 점검해야 한다는 점이다.

기본이 잘 갖추어진 후 환경과 소비자의 변화에 맞춰 보호자의 내원 욕구에 맞는 좋은 경험의 서비스를 제공한다면 급변하는 동물병원의 환경 속 개원과 폐원의 기로에서 분명 멋진 승부수를 던질 수 있는 히든 카드가 될 것이라 확신한다.

동물병원CS는 친절함, 미소, 인사 잘함만이 아니다

06

■ CS(고객만족)의 의미를 올바르게 이해하는 것

CS란 고객만족(Customer Satisfaction)의 약자로 기업이 제공하는 서비스, 행위 등에 대해 고객이 흡족하게 느끼는 감정을 말한다. 아마 대부분의 사람들은 CS가 어떤 의미인지 찾아보거나 깊게 생각해 본 적이 전혀 없을 것이며, 관련 업종에 종사하고 있는 사람들은 고객서비스라는 의미로 알고 있었을 것이다. 심지어 11년 전 내가 강사 교육을 받을 때에 CS강의를 하는 강사들조차 이 단어를 고객서비스라는 뜻으로 설명했으니 말이다. 이처럼 많은 사람들은 CS를 'Customer Service'의 약자로 고객서비스의 뜻을 가지고 있다고 잘못 알고 있다.

실제 벤츠, 아우디, 현대자동차에서 CS관련 교육을 진행할 때

"CS가 무슨 뜻인지 알고 있나요?"라는 질문에 거의 대부분의 사람들이 고객서비스(Customer Service)라 이야기했고, 아마 이 책을 읽고 있는 원장님들의 대답 또한 동일하지 않을까 하는 생각이 든다. 그래서인지 서비스 업종에 근무하는 직원들을 대상으로 교육을 진행하면 '아, 또 무슨 서비스를 더 제공하라는 거지?'라는 생각이 앞서 표정들이 어두울 때가 많고, 수동적인 태도로 교육장으로 들어서는 사람들이 대부분이었다. 이런 부정적 물음표가 달린 생각을 시작으로 교육을 듣고 난 뒤 교육생들의 표정에는 '아! CS가 이런 의미였구나!'라는 긍정적 깨달음의 느낌표가 새겨진다. 이렇게 물음표가 느낌표가 되는 순간을 경험 후 참된 의미의 CS가 시작될 수 있지 않을까? 물론 동물병원에서도 마찬가지다.

■ 고객의 욕구 변화를 정확히 인식하라

실제 동물병원 원장님들께서 나에게 교육을 요청할 때 "우리 병원 직원들이 불친절해서요. 친절하게 응대를 잘할 수 있게 CS교육 좀 진행해주세요"라고 의뢰하신다. 이는 CS를 고객서비스의 의미로 이해하고, 고객서비스를 잘하는 것이 단순히 친절하게 웃으며 인사하고 상냥한 말투로 응대하면 된다는 생각과 인식을 가지고 있기 때문이다. 동물병원에서는 아직 일부분 CS가 친절하게 미소지으며 인사 잘하는 것이라는 인식들로 고착되어 더 나은 병원서비스를 제공할 수 있는 많은 기회와 요소들을 도출하지 못한다는 생각이 들어 한편으로는 조금 안타깝기도 했다.

물론 10년 전으로 거슬러 올라가면 그때의 CS는 "고객이 왕이다"라는 생각으로 상냥한 미소로 친절하게 응대하는 서비스에 중점을 두었다. 실제 CS교육도 배꼽 위에 두 손을 포개어 90도로 인사하며 "안녕하십니까"라는 멘트와 함께 웃는 표정을 연습하는 교육이 이루어졌고, 고객들도 그런 서비스를 제공하는 곳에서 만족감을 느꼈다. 물론 이러한 응대가 잘못되었다는 것은 결코 아니다. 지금도 당연히 그런 서비스를 제공하는 곳과 그런 서비스가 친절하다고 인식하고 있고, 어쩌면 당연한 부분이다. 하지만, 현재 우리가 고객의 입장이 되어 생각해보자. 과연 그 동안 내가 만족했던 경험의 기억을 거슬러 올라가 보면 단순히 친절하게 웃으며 응대하는 서비스가 친절해서 만족하고 재방문 하고 싶다는 생각을 한 적이 있는가? 아마 대부분 사람들이 '아니다'고 답할 것이다. 친절한 응대가 중요한 요소임은 명백한 사실이지만, 예전과 지금이 다른 이유는, 시간이 흐르고 시대가 변화하면서, 고객들도 서비스에 대한 욕구와 인식에 많은 변화가 생겼다는 점이다.

이제는 물건을 구매하거나 서비스를 제공받을 때 단순히 친절함에 만족을 느끼는 일차원 적인 욕구에서 벗어나, 오감을 만족시키는 다양하고 세분화된 고차원적인 욕구를 충족시켜 주길 원한다. 또한 개인의 성향에 따라 고객만족의 기준이 더 뚜렷하게 주관적 성향을 띄며, 디테일 하게 변화하고 있다. 즉 고객들에게 친절한 응대는 이제, 서비스를 제공하는 모든 분야에서 만족감을 주는 고차원적 요소가 아닌, 당연히 제공되어야 할 일차원적 요소로 작용한다는 것이다. 사람이 학습이 가능한 동물이기 때문에 친절함이라는 고객만족의 요소를 그동안 수많은 경험을 통해 축적하고 비교해왔기에 어쩌면 당연한 결과라고 할 수 있다.

동물병원을 내원하는 보호자들도 마찬가지다. 예전에는 보호자들이 동물병원을 선택하는 기준과 원하는 것이 딱 한가지였다. 아픈 반려동물의 치료가 잘 되는 병원. 하지만 지금은 동물병원에서도 진료를 잘하는 것이 서서히 보호자들에게 당연한 욕구로 인식되는 시점에 놓여 있다. 당연적 요소로 인식된다고 단정해서 말하지 않는 이유는 아직까지 동물병원 보호자들의 고객만족 욕구가 다른 업종에 비해 느리게 변화하고 있기 때문이다. 속도가 느린 이유는 명백하다. 아직 동물병원의 보호자들은 친절, 미소, 인사 잘하는 등의 기본 요소를 충족시켜주는 경험을 많이 해보지 않았기 때문이다. 하지만 경험해보지 않아서 비교할 곳이 없을 뿐이지, 이미 시작되었다는 것은 이제 일차원적 욕구 충족의 경험이 늘어나고 있다는 것, 결국 속도를 받아 어느 순간, 순식간에 변화할 수 있다는 것을 의미하니, 이 책을 읽고 있는 원장님이라면 CS에 대한 올바른 개념 이해와 인식의 변화를 지금, 바로 시작하는 것을 적극적으로 권한다. 또한 동물병원CS의 올바른 시작을 위해서는 보호자에게 추가적 서비스를 계속 제공하는 것에 집중하는 것이 아닌, 우리 병원에 내원하는 보호자들이 만족할 수 있는 고객의 다양한 욕구에 대해 고민해야 한다는 것이다

■ 동물병원CS의 시작, 기본을 지키는 것
||||||||||||||||||||||||||||||||||||||||||||||||||||||||||||||||||

내가 동물병원CS를 시작하고 CS컨설팅과 출강을 진행하면서 가장 먼저, 그리고 많이 강조하는 말 중 하나가 CS는 '고객서비스(Customer Service)'가 아닌 '고객만족(Customer Satisfaction)'이라는 매우 광범위한 뜻을 가지고 있으며 우리가 잘못 알고 있었던 고객서비스라는 의미는, 고객만족이라는 목표를 충족시켜주는 요소로 작용된다는 점이다. 또 크게 나열해보면 고객접점의 응대를 하는 직원서비스, 동물병원의 기본이면서 본질인 진료서비스, 그리고 공간적 경험을 제공하는 시설서비스이다. 진료서비스의 경우, 예전에는 단순히 진료라고 표기했다면 이제는 진료도 서비스를 붙여 진료서비스라고 지칭한다. 그만큼 단순히 치료에만 목적을 두는 것이 아닌, 치료를 받는 과정에서 제공되는 수의사의 인적서비스의 영역이 함께 포함된다는 것을 의미한다. 그리고 이 3가지 서비스를 제공하기 위해 가장 먼저 기본적으로 점검하고 갖추어야 하는 것이 바로 동물병원에서 제공해야 하는 병원서비스의 전문성이다.

동물병원의 직원서비스의 전문성은 보호자가 반려동물을 데리고 내원했다가 병원을 나갈 때까지의 전 과정이 좀 더 매끄러울 수 있게 지원해주는 고객전문가여야 하며, 시설서비스는 긴 대기시간동안 보호자와 아픈 반려동물에게 편안하고 안락한 쉼을 제공할 수 있는 고객지향적 공간의 전문성이 느껴져야 한다. 마지막으로, 진료서비스의 전문성은 동물병원의 본질인 아픈 반려동물의 질병에 대한 정확한 수의사의 진단과 신속하고 올바른 치료를 통해 상태가 나아지는 것을 말한다.

튼튼한 집을 짓기 위해서는 반드시 땅을 고르게 하는 작업을 가장 먼저 한 뒤 멋진 건축물을 지탱해 줄 기둥을 세워야 하는 것처럼, 동물병원CS의 시작 전 우리 병원이 제공하는 3가지 서비스에 대한 전문성을 반드시 가장 먼저 점검해야 한다. 지금 원장님들의 병원은 어떠한가? 내원하는 보호자와 반려동물에게 직원들이 친절한 응대를 편리한 진행과정을 통해 적절히 제공하고, 대기 시간 동안 편안하고 안락한 쉼의 환경을 제공하는 공간을 갖추고, 아픈 반려동물을 케어하는 보호자들의 마음에 공감하는 따뜻하고 신뢰감 있는 진료서비스를 제공하고 있는지 한번 생각해 보길 권한다.

■동물병원CS, 쉬워 보이지만, 가장 어려운 것

우리는 고객만족을 위해 친절한 응대가 중요하다고 이야기한다. 물론 틀린 말은 아니다. 같은 상황이 발생하더라도 누가, 어떻게 응대하느냐에 따라 상대방의 기분이 달라지는 것은 변함없는 사실이다. 그러나 친절한 직원이라고 해서 고객의 만족도가 무조건 높은 것이 아니다. '동물병원'이라는 특수성을 고려하면 '친절함=고객만족'이라는 공식은 더욱 적용되지 않는다. 사람 병원도 그렇겠지만, 동물병원에 내원하는 보호자들이 제공받는 병원 내 모든 서비스는 직접적으로 한 번에 간편하게 보호자들에게 전달되지 않는다. 반드시 대기시간이 발생하고, 누군가를 거쳐, 어떤 시스템을 통해 여러 단계에 거쳐 전달된다. 이 과정에서 어떠한 오류와 변질없이 보호자가 원하는 정보와 답변을 정확히 전달해줄 수 있다면 아무 문제가 없겠지만, 사실, 현장으로 들어가보면 전혀 그럴 수가 없다는 것이 가장 큰 문제이다.

아무리 맛있는 음식일지라도 다 식은 채로 먹게 되면 맛있다고 느낄 수 없는 것처럼, 친절한 직원들의 서비스가 전달되는 과정에서 사라지거나 변질되는 순간 고객의 만족도 점점 멀어질 수밖에 없다. 클릭 한 번으로 다음날 새벽에 배송이 오는 시대에 살고 있는 우리의 고객들이 동물병원이라는 특수성에 의해 이러한 과정을 거쳐 병원의 서비스를 전달받고 있다는 것을 생각하면 어쩌면 당연한 부분이 아닐까? 지금 이 책을 읽는 원장님들도 동물병원CS는 친절하게 응대하고 웃으며 인사 잘하는 것이라고 생각하고 있을 것이다. 그러나 동물병원CS가 쉬워 보이지만 가장 어려운 이유는 우리 병원이 갖추고 있는 고객만족의 좋은 요소들을 어떤 프로세스를 통해 어떻게 오류 없이 전달하느냐 따라 고객만족의 결과는 달라지게 되기 때문이다.

그럼 CS(고객만족)을 위해 어떻게 하는 것이 정답일까? 사실 모든 병원에 동일하게 적용되는 CS의 가이드와 매뉴얼, 정답은 존재하지 않는다. 고객만족을 위해 고려해야 할 요소는 우리가 생각하는 것보다 훨씬 더 광범위하고 고려되어야 할 사항들도 많기 때문이다. 하지만 적어도 모든 병원에서 반드시 적용해야 할 기본적 요소와 규모별 적용해도 될 가이드에 대한 부분은 꼭 알고 가야 하지 않을까?

동물병원CS는 단순히 친절, 미소, 인사를 잘하는 것이 아닌, 직원, 시설, 진료서비스의 가장 기본인 전문성을 채우고, CS(고객만족)의 수많은 요소들이 동물병원을 내원하는 보호자들에게 변질되지 않은 최적의 상태로 전달되는 서비스 프로세스를 구축하는 것! 바로 이것이 최종 목표이자 핵심이라는 것을 꼭 기억하길 바란다.

동물병원CS, 변화하는 경영의 판에서 새로운 경쟁력이다

07

■ 낯선 곳에서 가능성을 발견하다

내가 처음 동물병원CS를 시작했던 2020년, 불과 4년 전만해도 동물병원CS라는 분야를 상상할 수 있었을까? 11년 차 기업교육 강사를 했던 나조차도 지금까지 약 800회 이상의 강의와 컨설팅 프로젝트를 진행했지만, 단 한 번도 동물병원CS에 관한 교육 의뢰와 니즈에 대한 정보를 전혀 경험할 수 없었다. 우연한 기회에 아는 지인을 통해 A동물병원에서 CS를 총괄하는 사람을 채용하고 싶다고 하는데 미팅을 해보지 않겠느냐고 권유를 받았고, 처음에는 1초의 망설임도 없이 당연히 거절했다. 내가 전문으로 진행하던 분야가 아니었고, 그 당시 벤츠, 아우디, 현대자동차 등 자동차 회사에서 6년 넘는 사내 강사로서의 경력과 수입차 프리미엄 브랜드의 굵직한 프로젝트들을 진행하며 기업교육 강사로서 레퍼런스가 잘 자리잡고 있었기 때문이다. 한

번 거절에도 부담 없이 미팅만 간단하게 하고 오는 게 어떻겠냐는 재요청에 그렇게 동물병원CS와의 인연이 시작되었다. 3시간 정도 A동물병원 대표 원장님과 미팅을 했고, 많은 고민 끝에 결국 A동물병원과 함께 일을 하기로 결심하게 되었다. 물론 결심을 하기까지 정말 수많은 고민을 했고, 걱정도 되었고, 내 결정에 대한 의심이 없었다고 하면 거짓말일 것이다.

그럼에도 불구하고 내가 동물병원CS를 시작한 이유는 크게 3가지였다. **첫 번째**, 아직 아무도 시작하지 않은, 시도한 적 없는 블루오션이기에 새로운 것을 시도하고 만들어 나갈 수 있다는 점이 나를 가장 설레게 했다. **두 번째**, 동물병원CS가 시간이 지나면 지날수록 병원경영에 있어 더 이상 선택이 아닌 필수요소로 작용할 거라는 생각, 마지막 **세 번째**는 대표원장님의 오픈 된 마인드와 앞으로 동물병원CS의 성장에 정말 많은 가치를 두고 있다고 느껴졌기 때문이었다. 결론적으로 4년이 지난 지금, 전국 70개 이상의 병원을 대상으로 동물병원 최초 CS컨설팅, 교육, 건강한 조직문화 형성을 위한 CS매거진 발행, 조직문화캠페인, 고객만족도조사(NPS 포함)등을 기획하고 진행하며 동물병원CS의 긴 여정을 원장님들과 직원들과 함께 계속 이어가고 있으니 꽤나 성공적인 과정이라 할 수 있지 않겠는가? 시작과 결심의 과정을 지나 동물병원CS에 지금까지도 내가 계속 집중할 수 있게 나를 움직이게 하는 가장 큰 원동력은 아마도 무궁무진한 변화와 성장의 '가능성'이지 않을까?

■ 이제는 익숙함을 버리고 새로움으로 성장할 때

||||||||||||||||||||||||||||||||||||||||||||||||||||

"동물병원들 CS로 경쟁력 확보 나선다"

이젠 어렵지 않게 동물병원CS에 관한 기사를 접할 수 있다. 현재 동물병원CS 관련 교육과 컨설팅을 진행하고 있는 나에겐 너무나 당연하고 자연스러운 변화와 현상이라 생각되지만, 이 책을 읽고 있는 원장님들 중에는 '동물병원CS가 꼭 필요하고 중요한가?'라고 생각할 수 있다. 물론 과거엔 중요하지 않았다고 해도 전혀 틀린 말은 아니다. 불과 10년 전만해도 동물병원의 대형화, 시스템화, 심화된 레드오션, 고객의 욕구 진화 등의 변화가 없었기에 필요성을 느끼지 못했을 것이다.

실제 내가 동물병원에서 CS관련 일을 하기 시작하면서 처음 6개월 동안은 정말 너무 힘들었던 순간들이 많이 있었다. 지금 생각하면 당연한 현상이었구나 싶었지만, 그 당시 너무 힘들어서 몰래 많이 울었던 것 같다. 초반 3개월 동안은 현장의 직원들과 가까워지기 위해 정말 많이 노력했다. 당시 동물병원에 근무하는 모든 직원들은 당연히 CS의 중요성을 알지 못했다. 현장에 가보니 바꿔야 할 것들, '왜 이렇게 하고 있지?'라고 생각되는 것들이 너무 많은데, 어디서부터 어떻게 손을 대야 할지 막막하기도 했고, 어떻게 접근하면 좋을지 많은 고민을 했었다.

동물병원CS 도입을 위해 내가 가장 먼저 한 일은 3개월 정도 현장모니터링과 고객접점에서 근무하는 매니저팀 팀원 전체의 면담이었다. 사실, 이전 수입차 브랜드 재직 당시, 5개 지점 15명 이상의 리셉션들을 총괄 관리하였기에 그렇게 어려운 일은 아니었다. 면담을 진행하며 몇 가지 깨달은 점이 있었는데, 바로 직원들의 경험치 차이, 고착된 생각과 현상, 병원에 대한 부정적인 마인드 등이었다. 그리고 면담과 업무를 진행하며 중간 리더급 직원들이 나에게 가장 많이 했던 말이 "동물병원에 대해서 잘 모르셔서 그래요"라는 것이었다. 그때 '아, 이 친구들이 내가 본인들과 많이 다르다고 생각하고 있구나'라는 생각이 들었고, 이 상태로는 왜 개선해야 하는지, 바꿔야 하는지에 대한 모든 이유가 그들에게 전혀 설득되지 않겠다고 느꼈고, 그럼 직접 내가 보여줘야겠다는 생각에 그 다음날 즉시 나는 편한 옷, 편한 운동화를 신고 병원 현장으로 들어가 직원들과 똑같이 보고, 듣고, 느끼기 위해 동물병원에 내원하는 보호자들을 응대하고, 컴플레인 보호자에게 직원들 대신 욕을 듣기도 하고 반려견들의 소변과 대변을 직접 치우고, 고객 대기실 청결상태를 가장 많이 청소하고 정리했다. 그리고 지금 무엇이 잘못되었고, 왜 바꿔야 하는지에 대해 직접 내가 하는 모습을 보여주고 피드백을 주는 과정을 반복한 결과 직원들의 고착된 부분들이 조금씩 변화하고 내가 제안하는 변화들을 수긍하기 시작했다. 이렇게 힘든 시작과 험난한 과정들이 있었지만 A동물병원은 360도 변화된 직원서비스와 시설서비스를 구축하게 되었고, 동물병원 중에서 가장 CS가 잘 구축·진행되고 있는 병원이라는 명성을 얻게 되었고, 나에게도 동물병원 CS컨설팅을 진행하며 누구보다 현장을 잘 이해하고 맞춤형 솔루션을 제공하고 원활한 소통을 할 수 있는 원동력을 만들어 준 셈이다.

긴 시간 동안 많은 동물병원들과 교육과 컨설팅, 면담 등을 진행하며 내가 내린 결론 중 하나는, 동물병원CS를 병원들이 필요하지 않다고 판단하여 하지 않는 것이 아니라, 필요한 이유에 대해 아직 잘 알지 못해서 시도조차 하지 못하고 있다는 것이다. 그러면 시도했을 때 결과는 어땠을까? 내가 예상했던 것보다 훨씬 더 긍정적 변화가 많이 나타났고, 또 많은 관점들이 변화되기 시작했다. 4년 전 A동물병원 한 곳만 변화 과정을 통해 좋은 결과가 있었다면 한 번의 우연이라 생각하겠지만, 지금까지 약 70개의 동물병원들과 동물병원CS를 위한 다양한 변화의 과정을 함께하고 있고, 또 그 결과가 전보다 더 긍정적이고 더 많은 성장을 보여주고 있기에 그 동안 많은 원장님들이 가지고 있었던 가장 큰 고정관념인 '동물병원은 원래 이래요, 안 돼요'에서 점점 탈피하며 동물병원CS 관점의 긍정적 변화가 계속 이어지고 있다 생각된다.

벤츠, 아우디, 현대자동차 등 대기업 사내강사 출신, 안정적인 레퍼런스를 잘 이어가던 11년 차 기업교육 전문강사가 왜 굳이 동물병원CS에 올인하는 걸까? 지금 이 책을 읽는 원장님 중 누군가가 나에게 이렇게 질문한다면 나는 이렇게 답할 것이다. 동물병원 최초 CS를 시작할 용기와 충분한 역량이 있기에 잘 해낼 수 있을 거라는 자신감이 있었고, 동물병원의 무한한 성장의 가능성이 보였고, 그 성장의 가능성을 증명할 수 있을 거라는 확신이 있었기 때문이다.

아직도 4년 전 시작된 동물병원CS, 고객만족의 긴 여정에 탑승하지 않았는가? 그럼 지금 이 책을 펼친 이 시간부터 반드시 탑승하길 권한다. 앞으로 동물병원CS는 단순히 고객만족을 위한 서비스적 요소가 아닌, 앞으로 다가올 동물병원 경영의 판이 바뀌는 무한 경쟁시대에 원장님들에게 기대 이상의 가치를 전해주는 가장 강력한 무기가 될 것이기 때문이다.

동물병원의 공간적 환경은
단순히 반려동물과 보호자를 수용하는 장소에서 벗어나,
행동과 감정 등 고객과 직원의 심리에 큰 영향을 미치며
가치 있는 경험을 제공하는 수단으로 적극 활용되어야 한다.

Chapter

Visual Customer Satisfaction
: 매력 있는 CS의 비밀

고객을 끌어들이는 CS는 모든 것을 예측하는 것이 아닌,
고객이 원하는 사소한 끌림의 자극을 활용하여
안전한 예측에 바탕해
곳곳에 예측 불가능한 반전의 홈런을 통해
고객이 기억에 남는 좋은 경험을 할 수 있는 기회들을
심어두는 것이 필요하다.

공간을 지배하는
CS

01

■ 공간은 가치를 바꾼다

"무려 22만 달러의 가치도 어떠한 환경에 놓이는가에 따라 고작 32달러의 가치로 하락한다"

미국 워싱턴포스트지가 유명 바이올리니스트 죠수아벨(Joshua bell)과 함께 그의 바이올린 연주의 가치에 대한 실험을 한 결과, 보스턴 심포니 홀에서의 연주 가치는 무려 22만 달러였지만, 허름한 지하철역에서의 연주 가치는 겨우 32달러밖에 되지 않았다. 이렇듯 공간은 유명한 음악가의 연주의 가치를 결정하는 강한 힘을 가지고 있다.

공간은 조명, 향기, 음악, 컬러, 소품 등의 다양한 요소들의 어우러짐으로 분위기가 연출된다. 이 요소들은 공간 구성자의 의도에 맞춰 사람의 심리를 자극하고 왜곡하여 전달된다. 예를 들어 음악은 소비자의 지출에 직접적 영향을 미치며 고객과 직원의 친화적인 관계형성에 도움을 준다. 향기는 좋은 경험을 떠올리게 만들어 고객에게 긍정적 인상을 심어 좋은 평가를 유도하며, 조명은 고객의 체류 시간에 긍정적 또는 부정적 영향을 미치는데 조명이 밝을수록 시야가 확장되며 공간의 관심도가 높아진다고 보고된다.

사람은 누구나 환경의 영향을 받는다. 물론 그 영향의 크기는 각각 다를 수 있겠지만 환경이 사람에게 영향을 미친다는 사실은 변함없다. 환경을 구성하는 요소 중 사람이 가장 많은 영향을 받는 것이 바로 시각적 자극으로, 환경 심리학에 따르면 환경은 전체적인 시각에 의해 좌우된다고 한다. 다시 말해 고객의 경험과 반응은 주로 시각적인 자극에 의존한다는 것이다.

-《공간이 고객을 만든다》※ 참조

동물병원의 공간적 환경도 이제는 보호자들의 시각적 자극을 어떻게 활용할 것인지 고민해야 한다. 규모를 통해 느끼는 압도감과 위압감, 공간의 형태를 활용한 개방감과 폐쇄감, 밀도 조절을 통해 줄 수 있는 한산함과 밀집감, 색감과 재질을 활용한 따뜻함과 차가움, 인테리어 소품으로 전할 수 있는 화려함과 고급스러움 등 물리적 공간이 고객과 직원들의 심리에 미치는 영향을 충분히 고려하여 연출해야 한다.

동물병원의 공간적 환경은 이제 단순히 반려동물과 보호자를 수용하는 장소에서 벗어나, 행동과 감정 등 고객과 직원의 심리에 큰 영향을 미치며 가치 있는 경험을 제공하는 수단으로 적극 활용되어야 한다.

■ 공간 만족을 위한 C.M.S 법칙

|||||||||||||||||||||||||||||||||||||||||||||||||||||||||||||||||||

불과 4년 전만해도 동물병원의 공간에서 차별성, 특별함을 전혀 찾아볼 수 없었고 수의업계에 종사하는 대부분 사람들은 병원 공간의 중요성을 잘 인지하지 못했다. 하지만 최근 동물병원에서도 피부과와 성형외과 못지 않게 고급스럽고 세련된 외형의 모양새를 갖추는 것에 중점을 둔 곳이 많아졌다. 동물병원이라는 생각이 들지 않는 고급스러운 내부 인테리어, 향기마케팅을 활용하여 보호자의 긍정적 경험을 자극하고 프라이빗한 개별 서비스를 받을 수 있는 개별 대기실, 면회실 등 이제는 보호자의 병원서비스 만족을 위해 공간 경험의 퀄리티를 올려야 하는 것이 선택이 아닌 필수가 되어가고 있다.

물론 여러명의 원장이 함께 운영하는 동업체계 대형병원과 1인 원장 체계로 운영되는 소규모 병원은 다소 차이가 있지만, 어느 병원이든 고객이 경험하는 공간의 중심은 환자와 보호자이며 처치와 검사가 이루어지는 의국 안 공간의 중심은 의료진과 직원이라는 점은 분명하다. 동물병원의 공간도 고객의 만족을 위해 깨끗하고 쾌적하며 내 집 같은 안락하고 편안함을 전달해야 된다는 말은 누구나 쉽게 하지만, 그 속에 담긴 올바른 뜻을 제대로 이해하고 실천하기란 결코 쉽지 않다.

동물병원은 환자의 치료와 동반 보호자, 입원환자, 용품판매 또 경우에 따라 미용, 호텔 등의 추가적 서비스가 모두 함께 이루어지므로 종합적 특성을 고려하여 구성해야 한다. 환자와 보호자에게 질 높은 병원서비스를 제공하기 위해서는 늘 존재하는 병원의 긴

장감과 정신없이 돌아가는 현장 속 의료진과 직원들도 좀 더 편안한 환경에 노출되어야 한다.

고객, 직원, 의료진, 환자, 부가적 서비스 등 공간은 다양한 요소를 복합적으로 담아야 하기에 매우 까다롭지만 공간 구성 시 반드시 고려해야 할 요소를 크게 **고객(Customer), 직원(Staff), 다기능(Mult-function)** 3가지로 나누어 공간의 C.S.M으로 정리하였다.

- **Customer 고객 중심의 공간** - 반려동물과 보호자의 편의를 고려한 공간으로 배치와 접근성, 편리성, 심리적 안정감을 줄 수 있는 분위기 조성하는 것이 중요하다. 쾌적한 환경을 위한 청결 관리, 편의시설 및 진료시설로 보호자의 이동 동선 고려, 필수 정보에 대한 시각적 안내(대기프로그램 사용, 와이파이, 화장실 위치, 내복약 조제시간, 오프리쉬, 기본진료비용, 주차관련 안내문 비치 등), 주차공간의 편리성 등 맞이부터 배웅까지의 고객의 시선에서 점검해야 한다.
- **Staff 직원 중심의 공간** - 보호자는 볼 수 없는 수의사와 테크니션, 매니저의 업무 효율을 높이는 의국 내 모든 공간이 해당되며 직원들의 지속적 배움을 위한 교육 공간(세미나실) 구축과 휴식을 위한 휴게 공간을 제공하고 침대, 안마의자, 발마사지기, 커피머신, 간이 편의점 등 내부 직원을 위한 공간을 풍부하게 구축하는 병원들이 늘어나고 있다. 또한 사용 공간의 안전과 상시 청결을 유지할 수 있는 관리시스템을 구축하고 진료실과 검사실을 인접하게 연결하여 신속한 이동이 가능한지 여부를 점검해보아야 한다.

- **Mult-function 공간의 다기능성** - 동물병원 공간의 다기능성
은 크게 진료상담, 처치와 치료, 면회, 입원 등 진료서비스를
제공하는 공간과 접수, 대기, 수납, 주차 등 보호자가 활용하
는 편의시설을 제공하는 공간, 그리고 미용, 호텔 등 부가서비
스를 제공하는 공간으로 나뉜다. 병원 내 카페테리아를 운영
하여 은은한 커피향으로 보호자의 심적 안정감을 제공하기도
하며, 옥상 루프탑을 활용하여 긴 대기시간에 공간 체험과 활
동을 통해 체감 대기시간을 줄일 수 있다. 컬러별로 깔끔하게
진열된 용품장은 대기하는 보호자의 시선을 사로잡고 구매욕
을 상승시켜 매출로 이어지는 효과가 있다. 그래서 용품장의
위치 또한 보호자의 시선이 잘 머무는 곳, 보호자가 접수, 수
납을 하며 거치는 곳 등 병원의 규모와 특성에 따라 달라져야
한다. 보호자가 가장 많이 시간을 보내는 고객대기 공간의 청
결상태는 가장 중요한 기본 점검 사항이며 병원과 보호자들
사이에 소통 가능한 커뮤니티 공간(고객게시판, 고객의 소리함, 이
벤트와 필수정보 안내문, 포토존 설치 등)이 잘 구축되어 있는지 살펴
야 한다.

C.S.M을 고려한 고객 중심(Customer)의 공간은 환자와 보호자에
게 모두 긍정적인 경험을 제공하여 병원에 대한 신뢰감을 높여 고
객 만족도를 크게 향상시킨다. 직원 중심(Staff)의 공간은 업무 효율
성과 내부 직원 만족도에 영향을 미치며 궁극적으로 고객에게 더
나은 병원서비스를 제공할 수 있는 계기를 마련해 준다. 다기능적
공간(Mult-function) 활용은 병원의 가치를 높여 고객 만족을 극대화

한다.

　이처럼 좋은 공간의 구성은 고객 경험의 긍정적 시작을 의미한다. 과연 우리 병원의 공간은 긍정적 경험의 시작점에 잘 도착해 있을지 지금 한번 점검해보자.

■ 병원, 그 이상의 공간

‖‖

　‘치료에서 치유(힐링)의 공간으로 진화하는 병원의 공간’

　1932년 문을 연 핀란드의 파이미오 요양소(Paimio Sanatorium)는 모든 병실에 햇볕이 잘 들 수 있게 남향으로 설계되어 우아한 정기 여객선을 닮았다. 빛을 최대한 유입시키기 위해 창이 넓고, 자연 환기가 쉽도록 창문을 여닫는 일 또한 수월하다. 환자들이 다치지 않고 손쉬운 이용을 위해 가구와 벽의 모서리는 부드럽게 마감 처리 했고, 조명 또한 반사광이 부드럽게 퍼지도록 천장을 향하는 동시에 먼지가 쌓이지 않게 커버를 씌웠다. 즉 병원 내 모든 공간은 환자의 입장을 고려하여 설계되었는데 특히 하루 대부분을 누워서 생활하는 환자의 시선을 고려하여 창의 하단도 최대한 낮추어 설계했다. 병원의 공간도 단순히 치료 목적에서 환자의 건강한 삶에 기여하는 치유(힐링)의 목적으로 진화한다. 병원의 기본인 의료기능에 집중하면서 환자의 심리적 치유도 함께 고민해야 한다.

　물론 동물병원 공간도 뚜렷한 정답이 딱 한가지로 정해진 것은 아니다. 앞으로도 수많은 변화 속 시행착오를 겪으며 다양한 시도와 변화가 반복되겠지만, 한 가지는 분명하다. 동물병원을 내원하는 대부분의 보호자는 누구나 반려동물과 함께 건강하고 행복하게 살아가며 편안한 마지막을 함께 하고 싶어 한다는 것이다.[1]

잘 설계된 공간은 병원 브랜드의 이미지와 신뢰도를 높이며 고객과 장기적인 관계 형성에 중요한 역할을 한다. 공간은 단순한 장소를 넘어, 고객 경험을 좌우하는 중요한 요소이다. 동물병원의 공간도 이제는 단순히 질병을 치료하고 건강을 관리하는 곳이 아닌, 반려동물과 보호자에게 편안하고 안락한 마음의 쉼을 함께 제공하여 안심하고 신뢰할 수 있는 치유(힐링)의 공간으로 진화해야 한다. 공간을 지배하는 CS에서 이야기한 기본적이고 다양한 요소들을 이해하고 잘 활용한다면 고객 신뢰와 충성도를 높여 지속적 병원 성장과 성공을 보장해주는 최상의 경험을 고객에게 제공할 수 있을 것이다.

> ## "우리는 좋은 경험을 통해 신뢰를 쌓는다"
>
> - 빌 게이츠(마이크로소프트 창립자)

---

1) [전문가 칼럼 ⑩] 치료에서 힐링의 공간으로… 진화하는 병원 건축들, 현대건설 뉴스룸 (hdec.kr)

시간을 지배하는 CS

02

■ 시간은 똑같은 속도로 흐르지 않는다

||||||||||||||||||||||||||||||||||||||||||||||||||||||||||||||||||||

하루 24시간, 1년 8760시간. 누구에게나 공평하게 주어지는 시간, 그렇다면 시간의 속도는 모두에게 같을까?

"미인과 함께한 1시간은 1분처럼 느껴지지만, 뜨거운 난로 앞 1분은 1시간처럼 느껴진다"

알베르트 아인슈타인은 상대성 이론을 통해 시간이 상대적이라는 사실을 증명했다. 시간은 공간과 밀접하게 연결되어 있고 동일한 공간이라고 해도 사람의 위치와 환경, 속도에 따라 변화되며 사람에 따라 다르게 느낀다고 설명했다.

누군가는 하루 24시간이 부족하다고 말하고, 누군가는 시간이 참 더디게 간다고 말한다. 출근 후 직장인들이 갖는 점심시간 1시간은 순식간에 지나가지만, 병원에서 진료를 기다리는 대기시간 1시간은 매우 지루하고 길게 느껴진다. 이는 시간이 단순한 물리적 요소가 아닌 사람마다 다르게 체감하는 심리적 요소임을 의미한다.

동물병원에서 해결되지 않는 고객 불만 중 하나가 바로 긴 대기시간이다. 실제 동물병원의 평균 14개의 고객접점 사이클을 보면 고객은 기본적으로 총 진료 상담 대기, 처치와 검사 대기, 결과 상담 대기, 내복약 조제 및 수납 대기 이렇게 총 4번의 대기과정을 거친다. 이 과정에서 소요되는 시간은 평균 1시간(용품 구매, 약조제 수령 등 제외)으로 사람 병원의 평균 대기시간 16분(2022년 보건복지부와 한국보건사회연구회의 의료서비스 경험조사 결과 보고서 중에서)에 비해 약 3배 이상의 긴 대기시간을 경험한다.

실제 우리의 뇌는 활동적인 상황에서는 시간이 빠르게 지나간다고 느끼지만, 아무런 자극이 없는 상황에서는 시간이 더디게 느껴진다. 따라서 물리적 대기시간을 줄이는 것에 집중하기보다 고객의 대기시간을 무엇으로 어떻게 채우느냐가 결국 만족과 불만족을 결정한다.

■ 보호자의 심리적 체감 시간에 집중하라

맛집에서 밥을 먹을 때, 차량을 수리할 때, 놀이공원에서 놀이기구를 탈 때 등 일상의 곳곳에서 우리는 기다림의 시간을 맞이하게 된다. 그렇다면 고객이 적절하다고 느끼는 대기시간은 얼마나

될까? 한 연구에 따르면 일반적으로 고객이 수용할 수 있는 대기
시간은 약 20분 내외라고 한다. 이 시간을 넘어서면 불안과 불만
이 커지기 시작한다.

하버드 경영대학원 교수이자 경영 컨설턴트인 데이비드 마이스
터(David Maister)는 고객의 심리적 대기시간을 관리하기 위해 주의
해야 할 8가지 원칙이 있다고 말한다. 이 8가지 원칙을 기준으로
그 동안 내가 동물병원 현장에서 직접 경험한 다양한 상황들을 자
세히 분석해보았다.

첫째, 대기하는 동안 아무것도 하지 않을 때

기다리는 시간에 아무것도 할 일이 없을 때 체감적 대기시간은
더 증가한다. 고객이 대기하는 중에 무언가 할 수 있는 소일거리를
제공해야 한다. TV를 설치하여 유익하고 재미있는 정보를 전달하
고 커피머신 또는 원내 카페테리아를 운영하여 향긋한 커피 향기
와 잠깐의 여유의 쉼을 제공하고 잡지, 책 등 대기하는 고객의 오
감을 사용한 움직임을 유도해야 한다. 우리 병원의 내원하는 평균
연령대가 낮은 편이라면 우리 댕댕이의 MBTI진단지나 무료 진단
사이트 OR코드를 비치하여 유행에 민감한 MZ세대 반려인들의 호
기심을 자극할 수도 있지 않을까? 고객의 대기시간을 최대한 풍부
하게 만드는 것에 집중해야 한다.

둘째, 접수하지 않고 기다릴 때

고객은 대부분 주차 후 병원 정문을 통과하여 접수데스크에서
접수를 하면 본격적인 대기시간이 시작된다고 생각한다. 그래서

접수처에 고객이 머무르는 시간은 짧을수록 좋으며 신속한 접수가 가장 먼저 이루어져야 한다. 직원 수가 부족하여 접수처에 대기가 빈번하게 발생할 경우 키오스크나 패드로 접수 시스템을 활용한 셀프 접수 시스템으로 좀 더 신속한 접수와 대기순서의 공정함 두 가지를 동시에 잡을 수 있는 편리한 방법이다.

셋째, 불안과 걱정의 감정을 느끼며 기다릴 때

병원을 방문하는 대부분의 고객은 걱정과 불안의 감정을 느낀 채 내원하기 때문에 다른 서비스 업종보다 다소 불리한 시작점을 가지고 있다는 단점이 있다. 하지만 이러한 특수성이 있기에 반대로 고객들도 갑자기 발생하는 이슈나 실수를 좀 더 관대하게 받아들이기도 한다. 고객의 불안하고 걱정의 감정을 줄여줄 수 있게 병원서비스의 전 과정에서 보호자가 인지해야 할 기본 절차와 상황별 구체적 설명 등이 필수로 이루어져야 한다.

넷째, 언제 서비스를 받을 수 있을지 모를 때

우리가 영화관에서 영화상영전까지 기다리는 시간 동안 아무도 대기시간에 대한 불만이 없는 건 영화가 상영되는 시간이 명확하게 정해지고 티켓에 명시되어 있기 때문인데, 이를 기분 좋은 기다림이라고도 한다. 또한 버스정류장에 내가 타려고 하는 버스가 몇 분 뒤 도착한다는 안내 전광판이 설치된 후 실제 버스 대기시간에 대한 고객의 불만이 대부분 감소했다. 또 콜센터에 전화를 걸었을 때 예상 대기시간을 대략 알려주면 고객은 인내심을 가지고 기다리게 된다. 이처럼 고객이 대기시간에 불만을 가지는 원인은 서비스를 받을 수 있는 정확한 시간을 알지 못할 때이다. 대기 시간 사전안내만으로도 50% 이상의 고객 불만을 잠재울 수 있다.

다섯째, 서비스가 지체되는 원인을 모를 때

병원의 현장은 하루에도 수십 번 돌발 상황과 이슈들이 발생된다. 응급환자가 발생하거나 수술이 지연되거나 검사 중인 기계가 고장 나거나 접수하는 차트 프로그램이 먹통이 되는 등. 하지만 고객들은 병원의 내부 사정을 상세하게 알지 못하고 고객 스스로 먼저 알려고 할 필요가 없다. 지체되는 상황이 발생되었다면 최대한 신속하게 원인과 대처 방안을 고객에게 구체적으로 설명해야 한다.

여섯째, 공정한 시스템을 시각화하라

100% 예약제가 아닐 경우 대부분 동일한 시간에 예약환자가 접수를 하더라도 진료에 들어가는 시간은 각각 달라진다. 외래의 경우 예약환자로 인해 대기시간이 더 길어질 수 있다고 직원이 안내하고 있지만, 막상 그 고객은 먼저 들어간 환자가 예약을 했는지 여부를 알지 못한 채 나보다 먼저 들어갔다는 사실에 불만은 차곡차곡 쌓여만 간다. 같은 외래환자인 경우일지라도 접수 데스크에 사람이 잠시 부재중일 때 고객이 몰리게 되면 접수할 때의 순서로 꽤나 골치 아픈 일들이 발생하기도 하기도 하는데 이를 방지하기 위해 키오스크나 패드를 활용하여 셀프 접수 시스템을 통해 고객 스스로가 먼저 온 순서대로 접수함으로써 불공정의 불만을 대부분 감소시킬 수 있다.

일곱째, 제공받은 서비스의 가치가 더 적을 때

고객불만은 고객이 기대했던 서비스보다 제공받은 서비스가 더 적을 때 발생한다. 이는 대기시간뿐 아니라 고객의 재내원, 충성 고객 확보, 팬덤 형성 등 고객만족과 고객 경험의 성패를 좌우하는 가장 중요한 요소이다.

여덟째, 혼자 기다릴 때

어릴 적 놀이공원에 가 본 경험이 다들 있을 것이다. 놀이공원에서 긴 줄을 서서 기다리고 있을 때 귀엽고 친숙한 캐릭터가 와서 말을 건네기도 하는데, 혼자가 아닌 누군가와 대화를 하며 재미있는 요소를 더해 바로 기다리는 고객들의 심리적 대기시간을 줄여주기 위해서다. 보호자 대기공간의 쇼파 위치를 다른 보호자들과 일정한 거리를 띄워 마주보고 앉을 수 있게 비치하고, 오픈 된 공간에 고객게시판 운영을 통해 고객의 소리를 수집하여 다른 고객들의 의견들을 모두 함께 볼 수 있고 고객 개선의견에 대한 병원의 답변도 비치하여 고객 커뮤니티를 형성하고 활성화시킬 수 있다.

위 8가지 분석 결과를 바탕으로 동물병원 현장에서 보호자의 체감적 대기시간을 줄이기 위해 반드시 실행해야 할 3가지를 정리해보았다.

1. 수치화 된 사전 대기시간 안내

- 접수 후 대기시간은 보호자가 묻기 전 먼저 안내되어야 한다. 예약고객의 경우 예약된 시간보다 지연될 시 최소 5분 전 지연된 구체적 이유와 함께 지연 예상 대기시간을 반드시 수치

화하여 안내해야 한다.

외래 고객 대기 시간 안내의 경우

- **기존** : "예약 고객 진료로 대기시간이 조금 많이 발생할 수도 있습니다"
- **권장** : "최소 30분에서 최대 1시간 이상 대기시간이 발생할 수 있습니다. 괜찮으신가요?"

권장 멘트 사용 후 보호자의 동의 하에 접수해야 한다.

2. 공정한 대기시스템 구축

- 접수 실수로 인해 예약고객이 외래 고객보다 늦게 들어가게 되는 상황이 발생하지 않도록 주의하며 예약시간보다 늦게 도착한 보호자에게는 다음 예약고객으로 인해 대기가 발생할 수 있다는 점을 충분히 인지할 수 있게 설명해야 한다. 또한 접수처에 인원이 부족할 경우 키오스크나 패드를 활용하여 고객 셀프 접수 시스템을 활용하는 것도 방법이다.

3. 이용되지 않는 직원과 시설은 보이지 않게 관리

- 동물병원에서 고객응대와 관리는 의국 밖 접수처에 근무하는 매니저팀의 업무이다. 대형 동물병원의 경우 4명에서 최대 8명의 인원을 구성되어 있고 스케줄링을 통해 접수 데스크에 실제 근무하는 하루 직원 수는 최소 2명에서 최대 6명 정도이다. 보통 접수데스크에 착석 가능한 직원 수는 3명에서 4명이며 6명의 인원이 출근한 날인 경우 3명 정도는 근무지에 착석

할 수 없게 된다. 이럴 경우 대부분 데스크 뒤에 서서 멀뚱히 서있는 모습을 관찰하기도 하는데 대기시간이 길어지는 날이라면 더 조심해야 하는 부분이다.

- 그렇다면 인원이 많이 나왔을 때는 어떻게 운영하는 것이 좋을까? 하루 근무자가 데스크 착석 가능한 인원수를 초과할 시 의국매니저, 콜매니저, 라운딩 매니저로 업무를 나누어 배정하여 근무하도록 한다. 의국매니저는 의국 안에 근무 가능한 데스크탑 자리에서 의국 밖의 보호자 요청사항, 진료 배분, 카카오채널 응대, 전화응대 등을 하며, 콜 매니저는 말 그대로 그날에 전화응대를 메인으로 맡아 진행하면 되는데, 콜매니저가 통화 중일 시 추가로 들어오는 전화는 의국매니저-데스크 매니저 순서로 응대하면 된다. 라운딩 매니저는 1시간씩 로테이션으로 착석하지 않고 고객대기공간을 수시로 체크하여 관리하며 보호자 모니터링을 진행하는 업무를 맡는다.

- 이용되지 않는 시설을 관리하는 것도 중요하다. 진료실 문은 진료상담이 호명된 보호자가 들어가고 나갈 때 열려야 한다. 간혹 진료상담이 끝나고 보호자가 나온 후 문이 계속 열려 있는 상태로 사용하는 병원들이 있는데, 만약 응급환자 처치나 수술 지연으로 대기시간이 점점 길어질 경우 계속 비어있는 진료실을 보호자가 계속 보게 되면 이유 없는 기다림으로 인식할 가능성이 높아지며 대기시간의 불만으로 이어질 수 있다. 보호자는 의국 안 상황들을 다 알지 못하므로 매니저팀에서 상시 체크해주는 것이 좋다. 그리고 대부분 병원은 의국으로 들어가는 문이 있어 고객 대기공간에서 의국 안을 볼 수 없

다. 간혹 의국에 문이 없이 오픈 되어 있거나 커튼이 달려있는 병원이 있고, 문이 있어도 이동시 불편함으로 의국 문을 열어 놓은 경우가 있다. 그럴 경우 환자를 처치하는 동안 소리가 많이 나고 그 소리가 그대로 대기 고객에게 전달되기 때문에 조심해야 한다. 고객 대기공간 모니터링 시 의국 안에서 나는 환자의 소리에 보호자가 매우 민감하고 걱정스럽게 반응하는 경우가 대부분이기 때문이다.

이 3가지는 대기시간 관리를 위해 선택이 아닌 필수 요소이니 꼭 기억하고 빠르게 도입하길 권장한다.

■CS가 만드는 기다림의 차이

보호자가 느끼는 체감적 대기시간은 결국 앞에서 이야기한 CS의 3가지 요소를 어떻게 전달하는가에 따라 결정된다. 보호자들에게 예상 대기시간을 미리 안내하여 불필요한 불안을 줄이고 정해진 대기시간 인지를 통해 서비스의 전 과정에서 발생하는 상황들을 보다 잘 수용할 수 있게 안내하며, 불필요한 인적 자원과 공간을 정리하여 보호자가 병원이 효율적으로 돌아가고 있다는 것을 눈으로 확인할 수 있게 해야 한다.

대기시간 관리는 동물병원을 운영하고 진료하는 수의사, 근무하는 직원들이라면 반드시 지켜야 할 보호자와의 암묵적 약속이다. 보호자의 시간을 소중히 여기고 대기시간의 과정에서 불편함 없이 전략적 방법으로 약속한 시간들을 미리 안내하고 세심하게 관리한다면 보호자들은 병원에 대한 신뢰와 만족을 느끼게 된다.

　동물병원 현장에서 긴 대기시간을 줄이는 것은 현실적으로 불가능하다. 물리적 시간의 감소를 위해 고민하고 있다면 불필요한 에너지를 소비하고 있는 것이다. 보호자들이 원하는 것은 30분만에 모든 병원서비스의 과정이 끝나는 신속함이 아니다. 다소 시간이 걸리더라도 내가 기다리고 경험하게 될 시간을 구체적인 설명과 함께 미리 안내 받아 불안과 불편의 불필요한 감정 소모에서 벗어나길 원한다. 그리고 꼭 기억하자. 보호자가 진정 원하는 체감적 대기시간 감소를 위해서는 병원 내 존재하는 모든 부서 간 원활한 소통과 끊이지 않는 피드백이 꼭 필요하며 서로 간의 협업으로 완성될 수 있다는 것을 말이다.

고객을 끌어들이는 CS
: 사소한 특별함, 세심한 배려

03

■ CS, 마케팅의 성공의 열쇠를 쥐다

IIIIIIIIIIIIIIIIIIIIIIIIIIIIIIIIIIIIIIIIIIIIIIIIIIIIIIIIIIIIIIIII

스타벅스, 애플, 디즈니

창의적이고 혁신적인 마케팅 전략을 통해 세계적으로 브랜드를 알렸지만 지금까지도 변함없이 성공한 기업으로 고객 충성도를 유지할 수 있는 이유는 고객의 경험에 집중한 뛰어난 CS경영을 현장에 담고 있기 때문이다.

- 커피 주문 후 주문자가 설정한 닉네임을 호명하는 스타벅스
- 제품판매보다 고객 체험에 더 집중된 애플 스토어의 시설 설계와 직원들의 맞춤형 서비스
- 방문객의 생일을 기억하고 특별한 이벤트로 단순한 테마파크

가 아닌 마법 같은 경험을 제공하는 디즈니랜드

"마케팅은 고객의 발길을 이끌지만 CS는 고객의 발길을 붙잡는다"

마케팅이 동물병원을 브랜딩하여 신규고객을 유치하기 위한 홍보 수단이라면 CS는 유입된 고객이 경험하게 될 병원의 모든 현재 상태를 의미한다. 즉 마케팅이 상품을 예쁘게 포장해서 구매욕을 불러 일으키는 포장의 기술이라면 CS는 잘 포장된 상자안에 담긴 실제 모습으로 고객만족과 불만족을 결정한다. 성공적인 마케팅의 기준은 신규 고객 유입수가 아닌 고객의 재내원율로 측정되어야 한다. 그리고 재내원을 결정짓는 강력한 요소는 현장의 고객 경험을 설계하는 CS에 있다.

나는 늘 동물병원의 마케팅의 방향을 기획할 때는 CS도 같은 방향으로 갈 수 있을지 여부를 반드시 체크해봐야 한다고 언급한다. '마케팅=CS'라는 공식이 낯설어 보이겠지만, 이미 많은 기업에서 CS(고객만족)를 더이상 단순히 서비스의 한 부분이 아닌 마케팅과 매우 밀접하게 연결된 전략적 요소로 인식한다. 비싼 비용을 투자하여 화려한 마케팅을 시도하기 전, 기획된 마케팅의 요소를 현장에서 전달할 수 있을지 여부를 반드시 체크하라. 그리고 규모가 크지 않은 동물병원이라면 마케팅을 시도하기 전, 내원하는 보호자 한 명 한 명을 더 집중해서 세심하게 케어 하라. 대형동물병원이라면 필수적으로 마케팅이 필요하겠지만, 소규모 병원이라면 규모가 커지기 전 원장님을 포함한 모든 직원들의 내실을 다져 고객이 스스로 움직이고 병원을 추천하며 홍보해주는 구전 효과(입소문)에 더 강력한 힘을 싣기를 권한다.

■ 기억해줌이 전하는 특별함

||||||||||||||||||||||||||||||||||||||||||||||||||||||||||||||||||||||||

예전 사무실 근처에 자주 가던 식당이 있었다. 사무실 이전 이
후 가질 못했는데 우연히 근처로 출강이 잡혀 거의 2년만에 그 식
당으로 가서 점심을 먹었다. 다 먹고 계산을 하려는 순간 사장님이
"머리 자르셨네요? 너무 잘 어울리세요"라고 말씀하셨다. 실제로
예전에는 긴 머리였고 그 당시 단발로 머리를 자른 나는 너무 깜짝
놀라서 "사장님, 저 기억하세요?"라고 물으니 "그럼요, 예전에 자주
오셨잖아요. 예뻐서서 당연히 기억하고 있었죠. 오랜만에 오셔서
반가워요"라고 인사해 주셨다. 나는 아직도 사장님의 기억해줌에
특별함을 느낀다.

리츠칼튼 호텔에 가면 고객의 이름을 부르며 환대하고, 만약 고
객이 두통약을 요청하면 그 다음부터는 이 고객이 어느 도시의 리
츠칼튼 호텔에 묵더라도 호텔방에 두통약이 늘 준비되어 놓여 있
다. 이처럼 자신을 알아 봐주고 기억해줌에 대해 고객은 특별함을
느낀다.

사소하지만 특별함의 힘을 가지고 있는 기억해줌은 동물병원
현장에서도 자주 관찰되며, 부정적 상황을 매끄럽게 해결하는 힘
을 가지고 있다.

A동물병원에 고양이를 키우는 연세가 지긋한 할아버님이 내원
하셨다. 병원에 자주 내원하는 보호자이신데, 예전에 컴플레인을
심하게 했다고 전달받아 미리 현장에 가서 지켜보았다. 듣던 부분

과 달리 조용히 이어폰을 끼신 후 구석자리에서 허리를 꼿꼿하게 세우신 후 대기 순서를 기다리며 진료를 받으셨다. 그리고 진료가 끝나고 내복약이 나온 후 확인을 하시더니 갑자기 언성을 높이셨다.

"내가 분명히 캡슐을 따로 챙겨달라고 요청했는데 또 그냥 약만 주네. 도대체 몇 번째야" 다른 직원들이 응대하기 전 곧바로 나는 "보호자님, 캡슐 동봉이 안 되어 있었나요? 죄송합니다. 제가 바로 확인 후 가져다 드릴게요. 잠시만 기다려주시겠어요?" 그리고 의국으로 들어가 자초지종을 확인하니 요청사항이 누락되어 있었다. 그렇게 다시 가져다 드린 후 다시 한번 죄송하다고 말씀드린 후 상황을 잘 마무리하였다. 그리고 매니저팀에게 해당 보호자의 차트에 특이사항과 요청사항들이 메모가 되어 있지 않았냐고 묻자 없다고 했다. 그래서 나는 즉시 자주 내원하시는 보호자의 특이사항과 요청사항(이슈)은 꼭 차팅해주시고, 재내원 시 보호자가 언급하기 전에 미리 안내 드릴 수 있도록 해달라고 당부했다. 또 그 보호자가 다시 예약이 잡히면 나에게 꼭 알려달라고 말했다.

몇 주가 지났을까? 매니저팀에서 해당보호자가 다시 내원한다는 연락을 받고 그날 병원으로 가서 매니저팀에게 차트 확인 후 내복약이 나갈 때 반드시 캡슐을 동봉해달라는 요청과 내복약이 나오면 내가 전달 드리겠다는 내용을 전했다. 그날도 어김없이 이어폰을 꼽으시고 구석자리에서 진료를 보셨고 진료가 끝난 뒤 나는 내복약을 보호자에게 전달했다.

"보호자님, 안녕하세요. 저 기억하세요? 지난 번에 먼저 챙겨드리지 못해 죄송했어요. 이번엔 캡슐 잘 동봉해서 빠짐없이 넣어드

렸어요. 조심히 들어가세요."라고 말씀드린 후 인사드렸다.

보호자는 이내 "바쁘면 그럴 수도 있죠. 근데 매번 똑같이 실수가 반복되어 좀 그랬는데, 이렇게 알아봐 주고 챙겨줘서 고맙네요. 다음에 또 봬요"라며 인사해주셨다.

기억해줌은 고객과 환자의 얼굴과 이름을 기억하고 환영해주는 것에 그치지 않는다. 한 번 내원한 보호자의 사소한 특징일지라도 차트에 메모하여 재내원시 보호자가 '어떻게 기억하고 있으셨어요?'라는 생각이 들 수 있게 미리 준비하고 미리 안내하고 미리 전달하는 것이 필요하다.

사람들은 특별함을 느끼고 행복하고 즐겁고 편안하고 불편함을 줄여주는 것에 끌린다. 그리고 지불한 비용보다 마음의 만족이 더 크고 사람과 사람이 연결될 때 끌림을 느낀다. 동물병원의 보호자에게 끌림을 전달하기 위해서는 사소한 기억해줌으로 특별함을 채워주고, 기억해줌으로 보호자의 불편함을 줄이며, 줄여진 불편함이 결국 마음적 편안함을 만든다. 그리고 이 **모든 끌림의 조건을 충족시켜주는 것은 최신장비도 시스템도 아닌 바로 감정을 나눌 수 있는 '사람'**이다. 동물병원 현장에서 발생되는 대부분의 상황들은 우리가 놓치고 있는 사소한 것을 기억해줌으로 변화가 시작되고 고객을 끌림을 자극해야 한다.

■ 예측 오류의 짜릿함

||||||||||||||||||||||||||||||||||||||||||||||||||||||||||||||

'프로 야구 1,000만 관중의 시대'

사람들은 왜 이토록 야구에 열광할까? 캘리포니아대학 심리학과 크리스틴펠트 교수는 야구는 통계스포츠이지만 역설적이게도 누가 언제 어떤 상황을 만들어 우승할지 알지 못하는 예측 불가능함과 우연성에 사람들이 강한 매력을 느낀다고 말한다. 즉 뜻밖의 반전이나 예상 밖의 승리가 주는 짜릿함을 갈망하는데, 실제 우리의 뇌와 도파민 신경계는 숨겨진 비밀과 뜻밖의 흐름, 예측을 뒤집는 모호함에 끌리기 때문이다.[2]

동물병원CS를 교육, 컨설팅하며 가장 많이 받는 질문 중 하나가 "이런 성향의 보호자는 어떻게 응대해야 돼요?", "이런 상황일 때는 어떻게 해야 할까요?"이다.

병원도 이제는 진료서비스를 제공하는 서비스업의 일종이라 하지만, 일반 현장과는 다르게 예측할 수 없는 상황들이 수없이 많이 발생한다. 그런데 우리는 이러한 수많은 상황들에 대해 정해진 정답을 알고 싶어하고 준비하려 한다. 물론 고객응대에 대한 기본 교육은 반드시 필요하며 고객성향별 특징을 이해하는 것은 중요하다. 하지만 **고객만족을 위한 100% 정확하고 뚜렷한 정답은 그 어디에도 존재하지 않는다.** 누군가 정답이 있다고 확언한다면 그 사람은 CS에 대해 깊이 있게 알지 못하거나 CS와 관련된 현장을 1도 모르는 사람일 것이다.

직원들이 현장에서 고객응대를 어려워하는 것도 응대하는 과정에서 불편함이 발생하는 근본적 이유는 우리가 현장에서 발생하는 고객응대 상황들을 예측하려고, 미리 준비하려고 하기 때문이다. 동물병원CS를 올바르게 도입하기 위해 우리가 가장 먼저 해야

---

2) 조나 레러, 이은선 번역, 《지루하면 죽는다》, 윌북, 2023. ※ 참조

하는 것은 '모든 보호자를 만족시킬 수 없고 만족을 위한 정확한 예측은 존재하지 않는다'를 인정하는 것이다.

잘 아는 단골 고객이라 해서 그 사람의 기분, 성향, 행동을 모두 예측할 수 있다고 생각하는 원장님과 컴플레인 관련 대화를 한 적이 있다. "이런 성향의 보호자는 이렇게 응대하면 100% 수긍해요. 해결돼요"라고 성급한 결론을 내리는 것이다. 나는 이 생각이 꽤나 위험해 보였다. 왜냐하면 이런 생각과 언행이 어느 순간 결국 행동으로 보호자에게 보이기 때문이다.

우리가 동물병원CS를 도입하는 건 고객만족을 위한 모든 상황들을 예측하기 위함이 아니다. 그건 불가능하다. 고객을 끌어들이는 CS는 모든 것을 예측하는 것이 아닌, 고객이 원하는 사소한 끌림의 자극을 활용하여 안전한 예측에 바탕해 곳곳에 예측 불가능한 반전의 홈런을 통해 고객이 기억에 남는 좋은 경험을 할 수 있는 기회들을 심어두는 것이 필요하다.

고객을 오래 머무르게 하는 CS
: 지루하지 않게 채우는 필요함과 유익함

04

■ 고객의 적절한 기다림을 다루는 것

'왜 이렇게 오래 걸려요?'

동물병원에서 발생하는 고객 불만 중 여전히 가장 많은 비중을 차지하는 기다림. 그렇다면 우리는 고객을 오래 머무르게 하는 것이 좋을까, 빨리 떠나보내는 것이 좋을까?

맛있는 음식을 먹기 위해, 갖고 싶은 물건을 사기 위해, 가고 싶은 여행지에 가기 위해 우리는 일상 생활에서 많은 기다림을 경험한다. 긴 기다림의 끝이 달콤할지 쓰디쓴 기억이 될지는 그때의 상황과 고객의 마음에 달려 있기에 누구도 예측할 수 없다.

주문한 지 5분도 안 되어 나오는 음식 vs 주문 즉시 조리가 시작되어 다소 시간이 걸리는 음식. 당신은 어떤 요리가 더 완성도가 높고 맛있을 거라는 기대를 하게 되는가? 패스트푸드가 아닌 이상 아마 대부분 후자의 음식일 것이다. 5분도 채 안 되어 나오는 음식을 받게 되면 '왜 이렇게 빨리 나와? 미리 만들어 둔 거 아냐?'라는 의심을 먼저 하게 되기 때문이다. 이처럼 음식의 적절한 조리시간은 식재료의 신선함, 조리과정의 청결도, 맛 등 고객의 기대와 신뢰를 형성하는 데 중요한 역할을 한다.

동물병원도 마찬가지다. 너무 길지도 짧지도 않은 고객이 적절한 기다림이라고 느끼는 시간은 평균 30분 내외라고 한다. 그러나 여기에 뚜렷하게 정해진 정답은 없다. 병원이 추구하는 목표에 따라, 병원을 내원하는 고객의 니즈에 따라 고객이 기대하고 예상하는 적절한 기다림의 시간과 고객이 제공받는 경험의 시간은 확연히 다르기 때문이다.

사람의 뇌는 즉각적인 만족을 추구하는 경향이 있다. 고객도 끊김 없이 매끄러운 서비스 과정을 경험하게 되면 더 오래 머무르거나 더 자주 방문하고 싶어 한다. 반면 그 과정에서 불편하거나 스트레스를 받는 상황이 발생되면 빨리 그 장소를 벗어나 다시는 재방문하고 싶지 않다는 생각을 한다. 2-2장 시간을 지배하는 CS에서 자세히 다룬 것처럼 고객은 실제 수치로 확인되는 1분 1초의 시간이 아닌 심리적인 체감에 더 많이 의지한다. 즉 고객이 병원에서 긴 기다림의 시간을 경험하더라도 그 시간이 유익하고 고객의 감정에 긍정적 영향을 미친다면 오히려 그 끝은 즐거운 달콤함으로 기억될 수 있다.

2-4장과 2-5장에서는 고객의 체류시간에 대한 이야기를 다룬다. 이에 앞서 고객을 오래 머무르게 하는 CS가 필요한 이유와 그 방법에 대해 함께 살펴보자.

■ 고객의 체류시간을 늘려라

||||||||||||||||||||||||||||||||||||||||||||||||||||||||||||

신세계 그룹의 자회사인 신세계프라퍼티가 운영하는 복합 쇼핑센터 스타필드에서는 다른 쇼핑센터와 다르게 이용 시간에 따른 주차비용을 지불하지 않는다. 대부분의 백화점, 쇼핑센터는 구매 금액별 무료주차 시간을 적용하거나 앱사이트 가입을 통해 2시간 정도의 무료주차 시간을 제공한다. 고객들은 무료주차 시간 동안만큼만 체류하거나 때론 시간의 압박을 받기도 한다. 반면 스타필드에서 고객들은 주차시간의 압박에서 벗어나 시간 제약 없이 자유롭게 쇼핑을 즐긴다. 나 또한 스타필드와 다른 쇼핑센터, 백화점 모두를 경험해본 고객의 입장에서 연간 방문 횟수를 따져보면 스타필드의 압승이다. 물론 다양한 볼거리, 먹거리 등을 체험하고 경험할 수 있다는 이유도 있지만 재방문의 이유에 많은 비중을 차지하는 것이 주차시간의 제약없이 좀 더 편안하고 여유롭게 즐길 수 있기 때문이다. 그리고 체류시간의 제약이 없는 만큼 이 과정에서 고객들은 소비의 횟수와 금액 또한 증가할 수밖에 없다. '고객의 체류시간=매출 증대'라는 공식처럼 스타필드가 개점 후 7년 연속 매출 성장을 이룬 이유 중 하나일 것이다. (스타필드 1호점 하남, 개점 후 7년 연속 매출 성장, 〈CEOSCOREDAILY〉 참고)

이커머스 업계 또한 경쟁이 치열해질수록 오프라인에 이어 온라인에서도 고객의 체류시간 늘리기에 모두가 집중하고 있다. 고객이 온라인 사이트에서 머무르는 시간을 늘리기 위해 플랫폼 전체의 사용자 경험을 설계하는 UX(User Experience)와 사용자와의 상호작용을 위한 시각적 요소인 UI(user interface)의 개선에 집중한다.

이처럼 고객의 체류시간 증가는 고객의 만족도와 충성도를 높이기 위한 전략으로 적극 활용된다.

반면 동물병원은 상품을 구매하고 체험하는 곳이 아닌 질병치료의 목적에서 바라보면 '고객의 체류시간을 늘리는 것이 반드시 좋을까?'라는 의문이 든다. 긴 대기시간은 지금까지 해결하지 못한 가장 큰 과제로 남아있기 때문이다. 그러나 동물병원 또한 수익창출의 뚜렷한 목표를 가지고 있기에 고객의 체류시간 관리를 통해 부가적 수익을 창출해야 한다. 동물병원에서 용품, 미용, 호텔 등의 부가서비스를 운영하는 것이 바로 그 예이다.

사실 긴 대기시간에 대한 고객의 불만은 단순히 병원에 오래 머무르는 시간 자체가 원인이 되는 것은 아니다. 2-2장에서 언급했지만 고객이 느끼는 불만의 주 원인은 기다리는 과정에서 발생하는 이유 없는 기다림의 불편함과 지루함 불안감에서 비롯된다. 즉 동물병원에서 고객의 체류시간 관리를 위해 집중해야 하는 것은 고객에게 불필요하지만 불가피하게 발생하는 기다림의 시간에 다양한 경험을 더하고, 고객에게 반드시 필요한 체류시간을 늘리는 것이다. 먼저 불필요하지만 불가피하게 발생하는 고객이 혼자 머무르는 시간 관리를 위한 기본 체크 사항을 정리해 보았다.

1. 대기환경 속 편안함과 유익함

- 푹신한 쇼파, 무료 와이파이 안내문 부착, 티 서비스 존 운영 (일부 동물병원에서는 고객 대기실 내 카페테리아 운영) 사탕, 젤리 등 간식 제공, 반려동물의 건강, 행동학 등의 유익한 정보 영상 송출

2. 다양한 경험 제공

- 대기 공간 내 포토존 설치(계절, 시즌 별 포토 테마 구축), 반려동물의 야외산책을 위한 옥상 루프탑, 1층 정원 등 활용, 반려동물과 잠깐의 분리를 위한 플레이그라운드 존 운영
- 용품 진열장 내 컬러/상품 재질/종류 등에 따른 제품 비치

3. 병원과 소통 창구 제공

- 카카오 플러스 친구 가입 안내, 리뷰 이벤트 안내, 건강검진 프로모션 소개 등 원내 진행되는 이벤트, 정보 등 상시 제공
- 고객게시판, 고객의 소리 활용 및 고객의견/개선 결과 등 공개

이처럼 편안한 대기 환경을 조성하고 유익한 엔터테인먼트를 제공하며 보호자에게 필요한 반려동물 관련 교육적 정보를 통해 고객의 시간을 가치 있게 만들고 감정적 연결을 강화할 수 있는 다양한 경험을 제공해야 한다.

그럼 이번엔 고객에게 반드시 필요한 체류시간에 대해 이야기해보자. 고객이 동물병원을 내원하는 이유는 대부분 반려동물의 상태 확인과 치료의 목적으로 '진료상담-처치-결과상담' 이 3가지 과정을 위해 긴 시간 기다림을 인내한다. 즉 보호자에게 반드시 필요한 체류시간은 진료와 결과 상담시간이다.

예를 들어, A동물병원은 큰 규모와 좋은 시설과 장비, 석,박사의 우수한 의료진을 갖추고 있고 B동물병원은 작은 규모의 평범한 시설을 갖춘 1인 원장 진료 체계를 갖추고 있다. 고객이 체류하는 시간을 동일하게 1시간이라 가정하고 A동물병원의 진료와 결

과 상담시간에 15분, B동물병원은 30분을 각각 할애했을 때 고객은 어느 병원의 체류시간에 더 만족감을 느낄까? 당연히 B 동물병원이다. 동일한 1시간의 체류시간이지만 고객이 혼자 머무르는 기다림의 시간은 A동물병원은 45분, B동물병원은 30분으로 B동물병원이 더 짧기 때문이다.

이처럼 보호자와의 적절한 상담시간을 확보하는 것은 고객이 병원에 대한 신뢰를 구축하고 의료진은 환자에 대한 정확한 진단을 내리는 필수적 단계이자 매우 중요한 요소이다. 이 과정에서 할애된 시간이 적절한가에 따라 동일한 상황의 불만이 발생하더라도 의료진이 충분이 환자와의 상담과정에서 시간을 할애하고 집중했는가에 따라 불만의 강도 또한 달라진다.

동물병원에서 고객의 체류시간을 늘리는 것은 장단점이 혼재되어 있다. 늘어난 체류시간에서의 좋은 경험은 보호자에게 심리적 안정감과 신뢰를 줄 수 있지만, 오히려 효율성 저하와 불편감을 초래할 수 있기 때문이다. 따라서 병원별 상황과 내원 고객의 특성에 맞게 적절히 조율 후 최적화된 체류시간을 찾는 것이 중요하다.

■ 더 오래, 더 깊어지는 관계

IIIIIIIIIIIIIIIIIIIIIIIIIIIIIIIIIIIIIIIIIIIIIIIIIIIIIIIIIIIIIIIII

'고객 경험(Customer Experience)'

CS가 고객만족을 의미한다면 CX는 고객이 기업과 브랜드와 상호작용을 하며 느끼는 모든 경험을 의미한다. 고객과 관계를 맺으며 충성도를 높이기 위해 이제는 CS(Customer Satisfaction)뿐 아니라

CX(Customer Experience)에 집중해야 하는 것은 선택이 아닌 필수가 되었다. 고객의 오래 머무르게 하는 체류시간 관리의 성공은 결국 고객 경험(Customer Experience)을 어떻게 관리하는가에 따라 결정된다.

동물병원에 오래 머무르면서 지루하지 않게 유익하고 즐거운 경험을 제공하며 고객과 끊임없이 소통을 이어가는 것은 결국 고객의 만족도를 높이고 병원에 대한 신뢰가 상승하여 재방문 의사를 강화하는 데 결정적 역할을 한다. 보호자와의 상담시간은 충분히 확보하고 신속함이 요구되는 접수, 수납, 내복약 조제 시간을 점차적으로 최소화하는 방식으로 접근해야 하며, 고객이 병원에서 편안하게 머물 수 있는 환경 제공과 동시에 효율적 서비스 제공을 위한 자동화 시스템을 일부 도입하는 것이 바람직하다.

물론 고객의 체류시간을 늘리고 오래 머무르게 하는 것이 무조건적인 목표가 되어서는 안 된다. 고객이 오래 머무르는 시간이 긍정적 인식이 되기 위해서는 불필요한 체류 시간을 줄이고, 불가피하게 발생하는 체류시간에 다양한 경험을 제공하며, 반드시 필요한 진료상담 시간을 충분히 확보하는 것이 중요하다. 동물병원에 오래 머무르게 하는 CS의 실천을 통해 앞으로의 동물병원은 질병치료의 목적과 함께 보호자와 반려동물에게 따뜻하고 신뢰할 수 있는 커뮤니티로 자리잡아야 한다.

고객을 빨리 떠나게 하는 CS
: 만족스런 떠남을 위한 균형잡힌 시간 관리

05

■ 신속한 떠남 vs 진짜 떠남

||||||||||||||||||||||||||||||||||||||||||||||||||||||||||||||||||||||

전자레인지 시간이 몇 초 남지 않았을 때 끝까지 기다리지 못하고 취소 버튼을 누른 적이 있는가? 엘리베이터를 타자마자 닫힘 버튼을 끊임없이 누른 적이 있는가?

외국인들이 한국에 오면 처음 배우는 한국어 중 하나가 바로 '빨리빨리' 라는 말이 있을 정도로 대한민국 사람들의 빨리빨리 문화는 예전부터 유명했다. 우리는 속도가 빠르게 진행되는 것이 이제 너무 익숙하다. 전날 12시 이전 주문하면 새벽에 식재료를 문 앞에 배송 받는 새벽 배송, 당일 12시 이전 주문 시 총알처럼 그날 물건을 받을 수 있는 당일 배송, 인터넷 속도 또한 세계에서 손꼽히는 빠른 속도를 보유하고 있다.

– '한국인들은 왜 그렇게 빨리빨리를 외치는 건가요?(brunch.co.kr)' ※ 참고

그렇다면 한국의 빨리빨리 문화처럼 동물병원에서도 과연 보호자들을 빨리 떠나게 하는 것이 좋을까? 대기시간을 줄여주는 것이 고객만족의 한 요소로 작용되니 어쩌면 당연한 이야기다. 그러나 빠른 속도는 신속함이라는 효율성을 전해주지만 그 과정 속에서 섬세하고 디테일한 부분을 놓칠 확률이 다소 높아진다. 신속함보다 중요한 것은 고객에게 적정 체류시간을 경험하게 해주는 것이다. 이는 2-4장에서 언급한 것처럼 동물병원을 내원하는 보호자의 성향과 니즈에 따라 달라지는 만큼 빨리 떠나게 하는 신속함에 대한 만족 또한 보호자의 성향과 욕구에 따라 철저하게 달라질 수밖에 없다는 것을 정확히 인지해야 한다.

고객을 빨리 떠나게 한다는 것에는 두 가지 의미가 내포되어 있다. 하나는 고객이 신속한 서비스를 제공받아 고객을 시간을 절약해주어 만족스럽게 떠나는 것과 다른 하나는 고객에게 불편한 경험을 전달하여 다시는 재방문하고 싶지 않은 생각과 함께 빨리 떠나고 싶어하는 것이다. 즉 **고객 재방문과 고객이탈의 양면성**을 가지고 있다. 이 두 가지 모두 병원 서비스 품질과 운영 효율성에 큰 영향을 미친다. 우리는 고객의 시간을 절약하고 만족을 높이는 '신속한 떠남'과 고객의 불편한 경험으로 인해 재방문 거부의 의사를 가진 '진짜 떠남'을 구별해야 한다.

■ 만족스러운 떠남을 위한 3S 법칙

|||||||||||||||||||||||||||||||||||||||||||||||||||||||||||||||

강남에 위치한 한 동물병원에 CS 관련 미팅이 있어 방문했다. 간단한 모니터링 후 원장님들과 미팅을 진행했는데. 원장님께서

"우리 병원 보호자들의 만족이 가장 높은 부분이 바로 모든 진료는 원장이 직접 막힘없이 신속하게 진료부터 결과까지 보호자와 소통하기 때문에 대기시간이 다른 동물병원에 비해 매우 짧다는 점입니다"라고 말씀하셨다. 신속함을 경험한 보호자들이 해당 병원을 지인들에게 소개해주며 별다른 마케팅 없이 입소문을 통해 두터운 충성고객층이 갖춰져 있어 신규고객과 매출이 매년 꾸준히 증가하고 안정적으로 운영되는 병원이었다.

그럼 이 병원의 성공요소는 기다림이 적은 신속함 하나일까? 물론 짧은 대기시간이 고객만족에 긍정적 영향을 주는 것은 분명하다. 그러나 신속함만이 고객만족을 위한 성공 전략은 결코 아니다. '원장이 직접', '막힘없이', '진료부터 결과까지'의 단어에서 유추해보면 원장님이 진료부터 결과까지 보호자와 직접 소통하는 원스톱 서비스를 통해 신속하지만 충분한 신뢰를 형성할 수 있어 가능한 결과이다. 짧은 대기시간을 위한 빠른 속도의 처리 과정에서 자칫 놓칠 수 있는 세심하고 디테일한 부분을 채운 것이다.

이처럼 고객의 만족스런 빠른 떠남을 위해 반드시 필요한 3가지가 있다. 바로 **'신속(Speed), 정확(Sharp), 친절(Soft)'**이다. 만족스러운 떠남을 위한 **3S의 법칙**에 대해 간단히 알아보자.

1. 신속(Speed : 체감 속도)

모든 고객이 무조건 빠른 신속함을 원하는 것은 아니다. 동물병원에 내원하는 목적에 따라, 병원 서비스가 전달되는 각각의 접점에 따라 신속함의 필요도를 다르게 적용해야 한다. 기본 예방, 검진, 단순 용품 구매, 한달 내 동일한 약 조제 요청 등의 비교적 간단한 목적으로 내원한 보호자와 중증 환자를 케어하는 보호자의 체류시간과 진행 속도는 명확히 달라야 한다. 예를 들어 중증 환자를 케어하는 보호자의 경우 진료상담과 결과상담의 과정에서 주치의와 소통하는 체류 시간을 늘려야 한다. 고객의 내원 목적에 따른 고객의 체류 시간은 고객의 체감 속도에 직접적이며 매우 민감한 영향을 미치는데, 이는 다음 요소인 정확(세심한, 구체적 설명)과 연결된다.

2. 정확(Sharp : 세심한, 구체적 설명)

정확은 고객의 만족스러운 떠남을 위한 신속함을 위해 반드시 채워져야 하는 필수 요소이다. 여기서 말하는 정확은 실수를 용납하지 않는 '오차가 없는 정확함'이 아닌, 결과에 대한 세밀하고 정교한 디테일로 현장에서 발생하는 상황에 대해 고객에게 구체적으로 설명하는 정확함을 뜻한다. 이는 신속에 해당하는 보호자의 체감 속도와 매우 큰 연관성이 있는데 동물병원에서 이런 정확함이 필수적으로 적용되어야 하는 과정은 환자 상태에 대한 진료상담이다. 보호자와의 진료상담 과정에서 함께 호흡하는 체류 시간동안 쉽고 구체적인 설명이 담긴 정확한 소통을 통해 '아! 이 병원은 이렇게 보호자들과 상세한 상담이 이루어져서 대기시간이 오래 걸리는구나'라고 생각하게 해야 한다. 고객이 긴 대기시간으로 불만을 토로하는 이유는 대부분 긴 대기시간에 비해 의사와 직접 상담하는 시간이 확연히 짧기 때문에 고객의 입장에서 매우 허무하고 허탈한 성의 없는 진료서비스를 제공받았다는 생각을 들게 하기 때문이다.

또한 환자에 대한 이슈가 발생하였거나, 내복약 제조 시간이 지연되었거나, 대기시간이 늘어났거나, 보호자의 요청사항이 실수로 누락되었을 때도 결과에 대한 직원의 구체적인 설명을 통한 세심한 소통 과정을 거쳐 고객이 느끼는 불안함과 황당스러움을 바르게 인지하고 이해하며 부정적 감정을 감소시키는 역할을 하게 된다. 이렇듯 고객에 대한 세심하고 구체적 설명을 동반한 정확한 소통은 긴 대기시간의 체감을 줄여주며 동물병원 현장에서 발생하는 갑작스러운 이슈 상황을 매끄럽게 만든다.

3. 친절(Soft : 부드러운)

보호자의 내원 목적에 따라 신속한 서비스와 환자 상태에 따라 보호자와의 충분한 상담 시간이 확보하여 정확하고 정교한 소통이 이루어졌다면 마지막에 보호자에게 만족스러운 진료 경험을 결정짓게 만들어주는 부드러운 친절함이 필요하다. 여기서 말한 친절함 역시 이 책에서 기본적으로 다루고 있는 단순히 웃는 얼굴로 밝게 인사하는 친절함을 넘어 불가피하게 발생되는 신속하지 못함과 정확하지 못함의 상황을 미리 안내하고 해결책을 제시하며 또한 보호자가 필요한 부분을 콕 집어 전달하고 해결해주는 친절함을 말한다. 그리고 신속하고 정확한 과정에서 아픈 반려동물을 케어하는 힘듦과 아픔을 다독여주는 부드러운 감성을 한 스푼 더해주는 것이다.

■ 고객과 병원을 이어주는 균형 잡힌 시간 관리

불친절한 서비스, 너무 긴 대기시간, 지불한 비용에 비해 제공받은 서비스의 가치가 떨어져 느껴지는 비용의 불만 등이 고객을 진짜 떠나게 만든다. 고객의 진짜 떠남, 즉 고객 이탈을 막기 위해서는 보호자가 불만족하는 이탈 원인을 파악하고 분석하여 올바른 해결책을 마련한 뒤 실행해야 한다. 불만족 고객 이탈을 줄이고 신속한 서비스를 제공하여 고객만족도를 높이는 것이 중요하다.

결국 시간에 대한 만족의 성패는 환자의 상태와 보호자의 니즈에 따라 시간을 적절하게 배분하여 활용하는 것에 달려 있다. 간단한 절차를 통해 효율적이고 신속한 서비스를 제공하고 핵심 단계에 좀 더 많은 시간을 할애해서 균형을 맞추는 것이다. 고객은 병원이 불필요한 시간낭비를 줄여 고객의 시간을 존중하고 배려하는 것에 만족을 느끼며 신뢰 형성에 확신을 갖는다.

결국, 동물병원에서 고객의 시간을 다루는 방법은 상황에 따라 달라져야 한다. 고객은 각각 다른 니즈와 기대를 가지고 있으며, 병원은 이를 유연하게 이해하고 대응할 수 있어야 한다. 빠르고 효율적인 서비스가 필요한 때와, 세심하고 디테일한 상담이 필요한 때를 정확하게 파악함으로써, 고객은 자신이 받는 서비스가 기대에 부합하며 시간을 가치 있게 사용하고 있다고 느낄 수 있다.

따라서 시간을 관리하는 능력은 곧 병원에 대한 신뢰로 이어지며, 고객의 만족도를 높이는 핵심 전략 중 하나이다. 보호자의 기대에 맞춘 시간 관리와 서비스 제공을 통해 고객과 깊은 신뢰 관계를 형성할 수 있다. 즉 시간은 단순한 자원이 아니라, 고객과 병원을 이어주는 중요한 매개체임을 기억해야 한다.

여운이 남는
CS

06

■ 계획되지 않은 진심의 우연

||||||||||||||||||||||||||||||||||||||||||||||||||||||||||||||||||||

2년 전, 엄마 팔에 생긴 약 1센치 정도의 상처가 1년 동안 전혀 아물지 않았고, 당뇨가 있던 엄마였기에 합병증이 걱정되어 간 부산대학교병원에서 결국 피부 조직이 괴사되었다고 진단받아 피부 이식 수술을 하게 되었다. 수술 전 환자의 전반적인 몸 상태를 체크하는데 그때 찍은 폐CT에서 눈에 거의 보이지 않는 아주 작은 흰색 점 하나를 인턴 선생님 한 분이 발견하셨고, 엄마에게 조직검사를 권유하셨다. 조직검사 후 폐암 진단이 내려졌고, 국립 암센터에서 다시 정밀 진단 후 다행히도 전이가 되지 않은 폐암 1기로 판정, 지금은 수술 후 완치되어 1년에 한 번 정기검진으로 상태를 체크하고 있다.

그렇게 1년이 지났을 때였나? 엄마에게 전화 한 통이 걸려왔다.

108

바로 그 때 조직검사를 권유했던 인턴 선생님이 수술은 잘 받으셨는지 직접 전화를 주신 것이다. 환자를 기억하고 이후 행보에 대한 안부전화까지 주셔서 정말 너무 감사했다. 이후 엄마와 나는 부산대학교 병원에 찾아가 그 선생님께 감사의 인사와 함께 마음을 담은 작은 선물과 손편지를 전해 드렸다.

우리 가족은 아직도 한 자리에 모이면 그 인턴 선생님의 이야기를 하며 또 한 번 감사의 마음을 되새긴다. 3차 대학병원의 정신없는 현장과 수많은 환자들 속에서 그냥 지나칠 수 있었던 CT 사진의 아주 작은 점 하나를 놓치지 않고 환자의 생명을 위한 세심한 배려가 있었기에 지금 우리 가족이 다 같이 모여 웃으며 이야기할 수 있으니 말이다.

CS강사 11년, 동물병원CS 4년째 고객 전문가로 활동을 하고 있는 나는, 이 경험을 통해 여운을 남기는 고객의 경험은 반드시 체계적으로 준비한 계획된 마케팅과 차별화된 특별한 서비스에서만 오는 것은 아니라는 점을 다시 한번 확신했다.

▌마지막이 모든 것을 결정한다
: 피크엔드 법칙(Peak-End Rule)

|||||||||||||||||||||||||||||||||||||||||||||||||||||||||||||||||||||||||

고객의 경험은 가장 절정을 이루었을 때와 가장 마지막 순간으로 기억된다.

1999년 이스라엘 심리학자이자 경제학자인 대니얼 카너먼 (Daniel Kahneman) 연구팀이 발표한 피크엔드 법칙은 '절정'을 뜻하는 '피크(Peak)'와 '마지막'을 뜻하는 '엔드(End)'가 결합된 조어로, 사람들이 과거의 경험에 대해 평가를 내릴 때는 가장 절정을 이루었을 때와 가장 마지막 경험을 평균하여 결정한다고 정의한다. (네이버 지식백과 사전)

고객의 경험 사이클에서 절정의 순간을 예측하기란 매우 어렵다. 고객접점의 중요성을 다루면서 언급했지만 동물병원은 진료를 하는 수의사, 환자를 보정하는 테크니션, 고객응대를 담당하는 매니저 등 많은 부서의 협업을 통해 운영된다. 그리고 이 모든 경험의 점접들은 다 연결되어 있고 고객은 각각의 직원들과 수의사와 매니저를 병원이라는 하나의 인격체, 집합체로 인식한다. 다시 말해 의료진의 상세한 상담과 적절한 처리에 매우 만족하더라도 수납하는 과정에서 매니저팀의 실수로 최악의 경험이 될 수 있다는 것이다. 그래서 나는 피크와 엔드의 순간 중 조금 더 관리가 용이하고 강력한 인상을 남길 수 있는 엔드의 순간에 집중하길 권한다. 바로 그 방법 중 하나가 내원 후 고객에게 연락하는 '해피콜'이다.

해피콜은 동물병원CS 도입시 원장님들께 우선순위로 실행을 권장드리는 것 중 하나이기도 하다. 해피콜의 의미는 고객과의 관계형성과 고객 만족을 높이고 충성고객화를 유도하는 마케팅 전략으로, 기업에 따라 다양한 용도로 활용된다. 그럼 동물병원의 해피콜은 어떤 중요한 의미를 가지고 있으며 어떻게 실행하는 것이 좋을지 알아보자.

동물병원에서 해피콜은 접종, 수술, 입원 후 퇴원 등 병원을 내원한 후 1일 정도 경과되었을 때 보호자에게 전화나 문자(카톡)로 환자의 상태 확인, 예상될 수 있는 발현 증상 및 대처 방법, 추가

문의사항 등을 확인하며 보호자를 안심시키고 병원의 좋은 이미지를 마지막으로 다시 한번 상기시켜 주는 아주 중요한 역할을 한다. 사람들이 좋은 경험을 기억하는 시간이 평균적으로 최소 30분에서 최대 3일이라는 것을 가정했을 때, 기억이 사라지기 전, 사라지고 얼마되지 않아 다시 한번 병원의 좋은 이미지를 상기시켜 주는 것은 매우 중요하다.

실제 고대의료원에서는 퇴원환자 해피콜 서비스를, 대구보건대학교 병원에서는 보호자 관리를 위해 해피콜을 운영한 뒤 높은 고객만족도를 이끌어 냈다고 했다. ('고대, 해피콜 서비스로 두 마리 토끼 잡겠다', 〈dailymedi.com〉)

해피콜은 특히 공장형이 아닌 프라이빗한 고가의 피부과, 성형외과에 운영 시스템이 잘 정착되어 있다. 간단한 레이저 시술 후에도 다음날이면 담당 상담실장이 전화나 문자를 통해 시술 후 피부 상태와 불편함 여부 체크, 레이저 후 주의사항 안내문을 고객에게 제공하지만 한 번 더 주의해야 할 사항과 불편할 수 있는 증상 여부를 미리 알려주고 증상 개선에 대한 대처방법에 관한 설명 또한 빠짐없이 이루어진다. 그리고 추가 궁금한 사항을 확인 후 해피콜이 마무리된다.

이러한 고객과의 개인적 소통을 통해 고객은 잊고 있던 병원의 진료과정과 제공받은 서비스를 다시 기억하게 되고 환자에 대한 세심한 체크와 상세한 설명, 친절한 안내로 병원에 대한 높은 신뢰도와 함께 마지막에 좋은 기억을 남기게 되며, 이는 결국 재내원율을 높이고 긍정적 입소문을 유도한다. 만약 내원 후 진료의 과정에서 일부 불편하고 좋지 않은 경험을 한 고객이라면 부정적 기억을 중발시키고 마지막에 긍정의 기억을 심어줄 수 있는 절호의 찬스로 활용해야 한다.

CS(고객만족)가 중요한 이유는 신규고객창출, 재내원, 충성고객 확보 등 동물병원 경영의 최종 목표인 수익창출과 직접적으로 연결되어 있다. 아무리 좋은 의료진, 시설, 장비를 갖추고 있어도 고객이 내원하지 않는다면 빛 좋은 개살구일 테니 말이다. 신규고객의 유입과 이들을 어떻게 하면 재내원과 충성고객으로 확보할 수 있냐가 동물병원 경영의 성패를 좌우한다. 즉 '신규고객⋯재내원⋯충성고객' 이 3가지 선순환이 계속 이루어져야 하는 것이다. 그리고 고객의 선순환을 위해 많은 병원들이 앞다투어 큰 규모, 고급스럽고 세련된 인테리어 공간, 최신장비, 박사학위의 우수한 의료진과 유명 스타급 의료진 영입, 홈페이지 속 화려한 마케팅으로 고객이 짧은 시간, 자극적 만족감을 채울 수 있게 집중한다. 하지만, 막상 중요한 기본을 놓치기도 한다.

주변 대형 동물병원의 일부 성공사례를 벤치마킹하면 성공이 보장된다고 생각하겠지만, 기본으로 돌아가보자. 지금 성공한 대형 동물병원의 성공사례의 첫 시도는 지금의 환경, 고객 욕구와는 사뭇 다른, 동물병원에 하이테크가 존재하지 않았던 몇 년 전이었다는 것을 알아야 한다. 그때와 달리 하이테크가 넘쳐나는 지금도 과연 이와 같은 방식이 우리에게 동일한 성공의 열쇠가 되어 줄 수 있을까?

■ 하이테크의 시대, 하이터치가 필요하다

'머리로 이해하는 것보다 마음으로 경험한 것들이 더 오래 기억된 다'

로봇이나 자동화 시스템은 우리에게 시간과 비용을 절약해주며 편리함을 제공해주지만, 그 이상의 가치 있는 서비스는 제공하지 못한다. 상황에 따라 유연하게 반응하지도 마음을 움직일 수 있게 따뜻하게 감성을 자극할 수도 없다. 반복적 규칙을 통해 사람의 감정을 학습해 흉내내는 똑똑한 기계일 뿐이다.

AI가 발전하고 동물병원에도 전자차트의 새로운 바람이 불어오는 지금, 뉴디지털 시대의 새로운 국면을 맞았다고 하지만, 우리가 살아가는 세상은 항상 디지털과 아날로그가 공존해 왔고 앞으로도 변함없을 것이다. 4차 산업혁명, AI의 감정인식 등 대부분의 직업을 AI가 대체할 거라고 하며 아날로그 시대의 종말을 이야기하는 듯하지만, 사람의 모든 것은 결코 대체될 수 없고 불가능하다. 편리한 전자차트를 도입하여 병원 운영의 인원을 감축하고 자동화 시스템으로 고객의 대기시간을 줄인다고 하지만, 결국 그 시스템을 운영하는 중심에는 늘 사람의 손길이 존재하며, 사람의 손길을 거쳐야만 최종 마무리될 수 있다.

동물병원은 사람병원과는 달리 환자가 직접 어디가 아픈지 불편한지를 표현하지 못한다. 그래서 환자를 케어하는 보호자는 반려동물의 치료 과정에서 더 많은 불안과 걱정을 느끼며 우리는 이러한 감정을 충분히 이해하고 불안과 걱정을 줄여주고 심리적 유대감을 형성하여 공감하는 것이 중요하다. CS(고객만족)도 수치와 데이터로 환산되며 이는 CS경영에 중요한 역할을 한다. 하지만 고객의 마음에 여운을 남기는 좋은 경험은 고급스러운 인테리어, 편리한 시스템, 효율적 업무처리, 병원의 최신장비가 아닌, 직원 한 사람 한 사람이 보여주는 이해와 공감, 그리고 보호자와 반려동물(환자)에 대한 병원 구성원의 애정이 담긴 말과 행동이다.

고객의 마음을 사로잡고 여운을 남기기 위해서는 준비되어 있는 정형화된 서비스만을 제공하는 것이 아닌, 잘 준비된 환경에서 다소 잔잔하고 느리더라도 환자와 보호자에게 오롯이 집중하여 그들의 불안과 걱정을 덜어주고, 미처 알지 못하는 부분을 미리 알려주며, 건강과 생명을 위한 올바른 길잡이가 되어주는 것이다.

팬덤을 형성하는 CS
: 직원이 먼저 병원의 팬덤이 되는 것

07

■ 의리의 집단 팬덤의 힘

||||||||||||||||||||||||||||||||||||||||||||||||||||||||||||||||||||

"**팬덤(fandom)** : 광신자를 뜻하는 영어의 'fanatic의 fan'과 '영지(領地) 또는 나라'를 뜻하는 접미사 'dom'의 합성어로 특정한 인물, 분야를 열성적으로 좋아하거나 몰입하여 그 속에 빠져드는 사람을 가리키는 말이다 [네이버 오픈사전]."

팬(Fan)이라는 단어는 긍정과 부정의 의미를 모두 담고 있다. 어떤 기업의 진정한 팬덤이 있다면 이슈가 발생했을 때 이들은 다양한 방법을 통해 기업을 옹호할 것이다. 최고의 상황은 논쟁이 벌어졌을 때 회사가 아무것도 하지 않아도 팬덤이 끊임없이 지원을 하는 것이다. 이렇듯 팬덤은 몰입과 집중을 통해 무언의 지지를 하기도 하지만, 오히려 현실과는 다른 지나친 환상과 기대로 한 순간

적이 될 수도 있기 때문이다.

그럼에도 이미 많은 기업에서 고객의 팬덤을 형성하기 위해 주력하고 있다. 탄탄한 기업 운영을 위해 반드시 필요한 것이 충성고객의 확보라면, 팬덤 없는 충성고객은 또 다른 대안이 생기면 쉽게 떠나간다. 이것이 팬덤이 충성고객과 다른 이유이다.

쿠팡과 네이버, 이베이코리아 등 전자상거래(이커머스) 기업들은 일정 회비를 받고 그 이상의 혜택을 제공하는 유료 멤버십으로 충성 고객을 늘려가고 있다. 무료배송, 무료반품, 추가 할인, 적립금 혜택 등으로 고객을 락인(Lock-In,가두기)하겠다는 것이다. 그러나 팬덤경제학 (Fanocracy)의 저자 데이비드 미어먼 스콧은 이러한 충성 고객 확보 전략만으로는 경쟁력을 확보하기 어렵다고 말하며 기업의 팬덤 형성을 위해서는 고객과의 '관계형성'을 강조한다. 고객이 원하고 바라는 것에 관심을 갖고 이를 중심으로 라포(Rapport, 마음의 유대)를 형성해야 한다는 것이다. 다양한 혜택을 제공하여 기업을 반복적으로 자주 이용하는 충성고객과 팬덤은 다르다. 특정한 혜택을 통해 확보한 충성고객은 좀 더 나은 혜택을 제공하는 기업이 생기면 바로 떠난다. 하지만 팬덤이 형성된 고객은 상호간의 형성된 관계 때문에 쉽게 기업을 떠나지 않는다.

"팬덤 없는 충성고객? 대안 생기면 떠난다"
– 조선비즈 (chosun.com) ※ 참조

팬들은 솔직한 소통과 지속적 피드백을 원한다. 이러한 소통은 양방향으로 진행되어야 한다. 기업이 한 고객과 소통하는 것을 보면 다른 고객들도 그 기업과 소통하는 것처럼 느끼는데, 이것이 개인 한 사람 한 사람마다 고객의 니즈를 채워 줄 수 있는 방안을 고민해야 하는 이유다.

■ 퍼스널 스페이스를 지켜라

‘너를 길들이려면 어떻게 해야 하니?’

생텍쥐페리의 《어린왕자》에서 여우에게 어떻게 하면 친구가 될 수 있는지 그 방법을 물었다.

“우선 내 곁에서 조금 떨어져서 이렇게 풀숲에 앉아 있어. 그리고 날마다 조금씩 더 가까이 다가앉아도 돼”

여우가 말해준 방법은 시간과 거리였다. 서로 친해지기 위해서는 먼저 충분한 시간이 필요하다는 뜻이다. 그리고 함께 보낸 시간만큼 개인 공간이 줄어들면서 둘 사이의 심리적인 거리도 조금씩 좁혀 나갈 수 있음을 알려준 것이다.

이렇듯 모든 것에는 적당한 거리가 필요하다. 사랑하는 사람과의 관계도 적당한 거리를 유지해야 좋은 관계가 오랫동안 유지되듯 조급한 마음에 갑작스레 다가가면 누구나 부담을 느끼고 상대를 밀쳐낸다. 마치 스프링이 서로를 반발하듯이 말이다. 고객과도 마찬가지다.

이런 적당한 관계의 거리를 ‘퍼스널 스페이스(persnal space): 개인에게 필요한 물리적 공간 즉 사람과 사람사이에 존재하는 보이지 않는 심리적 거리’라 말하며 이는 사회적, 심리적 안정을 위해 중요한 요소이다. (에드워드 홀, 프로세믹스[Proxemics] 이론)

텅 비어 있는 지하철 자리에서 대부분 가장 양쪽 끝 가장자리에

앉거나, 사람들이 드문드문 앉아 있을 때 타인과 붙어 앉는 것이 아닌 일정 거리를 띄우고 떨어져 앉는 것 등이 퍼스널 스페이스로 인한 무의식적 행동이라 할 수 있다.

퍼스널 스페이스는 사람과의 관계와 상황에 따라 아래와 같이 구분된다.

- **친밀한 거리** 45cm미만은 가족, 연인, 친한 친구만은 허용
- **개인적 거리** 45cm~1.2m 친구와 지인의 접근을 허용
- **사회적 거리** 1.2m ~ 3.6m 회사동료, 업무적 관계, 낯선 사람의 접근을 허용
- **공적인 거리** 3.6m 이상은 강연, 대중연설에서 불편함을 느끼지 않는 거리
- 이 거리의 기준은 개인마다 편차가 크며 남성보다는 여성이 외향적인 사람보다는 내향적인 사람이 심리적 상태가 평온한 사람보다는 예민한 상태의 사람이 더 민감하다.

[나무위키 정보 퍼스널 스페이스 - 나무위키 (namu.wiki)]

실제 동물병원 현장 모니터링에서도 퍼스널 스페이스가 작용되는 장면을 관찰한 적이 있다. 고객응대를 잘한다고 자신하던 베테랑 직원이 여느 때처럼 대기 공간에 앉아 있는 고객에게 친근한 미소로 웃으며 무릎을 낮춰 고객과 시선을 맞추며 손바닥 두 뼘 정도 되는 거리만큼 아주 가까이 다가가 응대했다. 그 순간 고객의 몸이 뒤쪽으로 움찔하며 이동하는 것을 볼 수 있었다. 이러한 밀착 응대가 일부 고객에게는 친근하고 다정하게 느껴져 친절함을 느끼게

되지만, 또 다른 일부 고객에게는 이런 적극적인 친절함이 다소 부담으로 느껴질 수 있다는 것이다.

이것이 우리가 퍼스널 스페이스에 집중해야 하는 이유이다. 병원은 불특정 다수의 고객을 접하지만, 고객은 스스로의 접근 허용 가능한 거리를 우리에게 알려주지 않는다. 또 아픈 반려동물을 케어하는 고객이 대부분이기에 심리적으로 예민하고 불안한 상태가 더 많이 존재하기 때문에 병원의 모든 직원은 이 부분을 정확하게 인지하여 고객과의 관계형성을 시도해야 한다. 고객이 누구냐에 따라 친근함의 강도가 달라지고 조절되어야 한다. 진료실 안내 시 최소 1m 간격을 두고 사선으로 안내하며, 환자 인계 시 너무 빠른 속도로 보호자에게 다가가 환자를 인계하지 않게 주의하며, 고객대기실에 앉아 있는 보호자와 소통 시 신체 시그널에 집중하여 간격을 체크하고, 고객대기실 소파의 간격이 너무 좁지 않은지 등 현장의 곳곳에 놓칠 수 있는 퍼스널 스페이스를 잘 체크해보자. 이는 팬덤을 형성하기 위해 가장 먼저 고객과 친해져야 하는 첫 단계의 긍정적 시작을 의미한다.

■ 친해지길 바래

||||||||||||||||||||||||||||||||||||||||||||||||||||||||||||||||

MBTI가 어떻게 돼요? 유행어처럼 되어버린 성격, 성향 진단 검사. MBTI는 사람의 성향을 16개의 유형으로 나누어 이야기하며 그 속에서 재미와 흥미를 느낀다. 이러한 성향, 성격진단 검사는 사람을 특정 분류로 딱 잘라 나누어 단정짓는 것이 아닌, 보다 재미있고 쉽게 상대방을 알아가고 다름을 인정하고 서로를 이해할

수 있는 도구이다. 갈수록 각박해지는 시대에 살아가는 지금, 우리가 이런 도구들을 통해 사람들을 이해하고 알아가고 싶은 이유는 혼자이고 싶지만 외롭지 않고, 친해지고 싶지만 관계의 안전감을 지킬 수 있는 방법을 터득하여 점점 더 어려워지는 사람과의 관계에서 오는 수많은 오류를 예측하고 줄여 나가고 싶기 때문이다.

고객은 반려동물의 질병을 믿고 맡길 수 있는 양심 있고 실력 있는 진짜 좋은 병원과 수의사를 찾는 것이고, 직원은 종잡을 수 없는 다양한 고객들과 동료와의 소통 속에서 불필요한 감정낭비를 줄이고 심리적 안전감을 찾고 싶어 한다. 이유는 조금씩 다르겠지만, 팬덤 형성이 되기까지 가장 중요한 시작은 바로 '친해지기'라는 건 변함없는 사실이다.

고객과 친해지는 것은 친구가 되는 것이 아니다. 간혹 친한 고객을 더 챙겨주고 특별한 응대를 하는 것으로 오해하기도 하는데 이는 잘못된 방식이다. 고객과 친해진다는 것은 쌍방의 소통을 위해 그들이 허용하는 심리적 거리를 캐치하여 그들과 대면, 비대면의 다양한 방법의 소통을 통해 허용된 심리적 거리를 줄여 나가는 과정이다. 두 번째 내원 시 보호자를 먼저 알아봐 주고 반려동물의 안부를 묻고 재내원의 빈도가 적은 보호자에게 필요한 정보를 먼저 공유하고 일괄적인 홍보 메시지에 보호자의 이름과 특성을 담은 플러스 멘트를 담아 보내는 등 어렵지 않은 작은 디테일이 필요하다. 그리고 이 디테일을 완성하고 전달하는 건 바로 병원에 근무하는 직원이다.

결국 병원 고객의 팬덤을 형성하기 위해서는 고객보다 직원이 먼저 병원의 팬덤이 되어야 한다. 동물병원CS에서 중요하게 강조되는 것이 바로 "내부고객만족에 집중해야 한다"라고 말하는 이유도 여기에 있다. 지금 우리 병원의 내부 고객 팬덤은 어떻게 형성되어 있는가? 직원이 고객과 친해지고 싶은 심리적 안정감을 형성하여 적당한 퍼스널 스페이스를 지켜야 할 이유를 이해하고 올바르게 실행해야 한다. 팬덤을 형성하는 것은 단순히 고객만족을 위한 것이 아닌 병원의 지속 가능한 성장을 위한 필수 전략이다. 이는 100m 달리기가 아닌 마라톤에서의 긴 호흡이 필요하다. 지금부터 내부고객과 외부고객을 위한 지속적 관심과 포기하지 않는 인내심으로 병원의 팬덤 형성을 위한 전략을 세우고 실행에 옮겨보자. 이는 동물병원 성공을 위해 고객과 직원 모두가 병원의 팬덤이 되는 가장 강력한 무기를 갖추게 해줄 것이다.

우리 병원에 내원하는 보호자는
어떤 불만을 표출하고 있는지 정확히 알고 있는가?
알고 있다면 모든 직원에게 공유하는가?
공유했다면 해당 부분들이 개선 또는 보완되었는가?
되었다면 그 과정이 고객에게도 공유되었는가?

Chapter

3

돈과 사람을 끌어 모으는
300% 동물병원CS 전략 ABC

동물병원의 고객만족 경영은

마케팅, 진료, 최신장비, 병원의 규모와 시설 등에

성공이 결정되는 것은 아니다.

고객불만을 빠짐없이 체크하고

고객 의견에 귀 기울여

해결과 노력의 과정을 공유해 주어야 한다.

시각적 요소 개선만으로
고객만족 50% 상승

01

■ 생각보다 강력한 보여짐의 힘

잘 만들어진 예쁜 그릇에 담겨 나오는 음식, 지저분하고 이상한 모양의 그릇에 담겨 나오는 음식, 같은 맛의 같은 양의, 같은 종류의 음식이지만, 두 가지 음식을 눈으로만 본다면 어느 쪽 음식을 맛있다고 상상할 수 있을까? 아마 대부분 사람들이 당연히 전자의 음식이라 답할 것이다.

과연 음식에만 적용되는 예시일까? 우리는 언제 어디서든 서비스가 제공되는 수많은 장소에서 오감을 통해 제공되는 서비스를 받아들이고 그 경험을 통해 각각 주관적이지만 뚜렷한 서비스 경험의 만족도를 도출하고 있다. 이 책을 읽고 있는 순간에도 지금 원장님들의 병원에 내원한 보호자가 그러하듯이 말이다.

이때 오감 중 가장 강력한 힘을 가지고 있는 것을 꼽으라고 한다면 바로 시각, 컬러이다. 패스트푸드점에 가보면 가장 보편적으로 많이 사용되는 컬러가 바로 빨간색이다. 그 이유는 붉은색 계통이 식욕을 돋우고, 재료의 신선함을 연상시키는 효과가 있으며 패스트푸드점의 특성에 맞게 고객이 오래 머물지 않고 회전율이 빠르게 이루어져야 하기 위해 속도가 빠르게 느껴지는 난색을 사용한 것이다.

반면 우리나라 대표 전자제품 브랜드의 컬러를 생각해보면 파란색을 사용하는데, 그 이유는 파란색은 차가운 계통의 한색으로 차분하고 지적인 이미지와 신뢰감을 가장 잘 형성해주기 때문이다. 또한 서비스센터에서 대기시간 동안 속도가 느린 한색이 좀 더 차분히 기다릴 수 있게 도움을 주는 역할을 하기도 한다.

독일 프리미엄 자동차 브랜드 벤츠 전시장에 가본적 있는 사람들에게 "'벤츠' 하면 어떤 이미지가 느껴지는가?"라고 질문하면 아마 대부분 고급스러움, 차분함, 분위기 있는 등의 단어를 생각할 것이다. 실제 벤츠 전시장에는 고객들의 무의식 속에 브랜드가 정한 이미지를 인식시키기 위한 보여짐의 강력한 힘이 숨어 있다. 바로 벤츠 전시장 어디를 가더라도 화려하고 다채로운 컬러를 찾아볼 수 없고, 블랙&화이트의 기본 컬러와 브라운, 그레이 등이 조합된 공간의 컬러를 확인할 수 있다.

실제 벤츠코리아에서는 CI의 컬러 선정을 통해 각 딜러사의 모든 전시장에 사용 가능한 컬러를 제한하고 있다. 그리고 전시장의 주기적 점검을 통해 유지가 잘 되고 있는지를 확인한다. 전시장 근무자의 수트 색상과 넥타이 색상도 정해져 있으니 얼마나 시각적 요소를 중요하게 생각하는지 알 수 있지 않는가? 벤츠뿐 아니라 아우디, 현대자동차 등 프리미엄 브랜드의 대부분이 보여지는 시각적 요소들을 활용하여 소리 없이 고객들의 무의식을 지배하고 그 공간에 머물렀을 때 최대한 브랜드에 대한 좋은 경험의 기억을 심어주어 다시 생각나고, 다시 가고 싶은 곳이라는 인식을 주려고 하는 것이다. 공간의 컬러뿐 아니라 서비스를 제공하는 직원들의 유니폼 또한 마찬가지이다.

■ 익숙한 공간의 보여짐을 점검하는 것

그럼 동물병원으로 넘어가서 한번 생각해보자. 이 책을 읽고 있는 원장님들은 개원 전 우리 병원의 CS컨셉을 생각해본 적이 있는가? 동물병원 인테리어의 컬러와 구조, 시설물의 비치, 직원들의 유니폼, 수의사의 스크럽 색상 등 병원이 추구하는 CS컨셉에 따라 정해져야 한다. 예를 들어, '보호자와 반려동물에게 편안한 쉼을 제공하는 동물병원'이라는 컨셉의 병원에서 제대로 시각적 요소를 구축하기 위해서는 사용되는 컬러에서는 자극적이거나 활동성이 강하고 속도감이 빠른 붉은색 계통, 비비드한 강렬한 컬러는 당연히 배제되어야 한다. 또 고객 대기실의 의자, 테이블, 보호자가 이동하는 동선, 바닥의 재질, 진료실 문의 개방 상태, 화장실의 컬러 등 모든 요소들이 편안한 쉼이라는 키워드에 맞게 정해져야 할 것이다. 직원들의 유니폼 색상도 편안함과 전문성의 이미지를 연상시키는 브라운, 그레이 컬러와 같은 계열을 선택해야 한다.

과연 동물병원 시각적 요소의 현재는 어떠할까? 내가 처음 A동물병원에 입사한 뒤 가장 놀라웠던 것은, 병원이 지향하는 컨셉과

연관성이 없고 지점별 통일성이 없는 인테리어의 컬러와 구조, 전혀 관리되고 있지 않아 매우 지저분하고 청결하지 못한 공간의 관리 상태, 고객을 접점에서 응대하는 직원들의 전혀 전문가답지 않은 용모복장 상태였다.

그런데 내 주변 지인들에게 이런 부분을 이야기하면 대부분 돌아오는 답은 "동물병원이니깐 그렇겠지, 내가 갔던 곳도 그랬어."라는 고객으로서 전혀, 특별히 놀랍지도 않고 당연하다는 답변이었다. 그때 비로소 놀란 마음을 진정시키고 객관적으로 정확히 판단할 수 있었다. '아! 동물병원에 대해 고객들이 아직 아무런 기대도 하지 않는구나, 아니 어쩌면 기대를 할 만큼의 다양한 경험을 전혀 하지 못했구나'라는 생각이 들었다. 그래서 A동물병원에 입사 후 내가 가장 먼저 시급하게 진행한 것이 바로 시각적 요소의 전체를 점검하고 할 수 있는 모든 것을 변화시키는 것이었다.

■ 익숙한 공간의 보여짐을 바꾸는 것

변화를 하기 위해 비용이 드는 것은 어쩌면 당연한 일이다. 하지만 원장님들이 변화를 가장 두려워하는 이유가 바로 많은 비용이 든다는 부담감일 것이다. 그래서 내가 A병원에서 가장 먼저 변화를 시도한 것은 비용이 전혀 들지 않음에도 관리가 전혀 되지 않고 방치되어 있던 공간의 청결상태를 모두 점검하고 개선하는 것이었다.

첫 번째 고객대기실이다. 보호자가 긴 대기시간 동안 병원에 가장 오래 머무는 공간임에도 의자와 바닥에 수북하게 쌓인 털들, 심지어 반려동물들의 마킹 자국을 치우지 않아 누렇게 자국이 그대로 방치되어 악취가 나기도 했다. 대기실 커피 머신에 수북하게 쌓인 먼지와 정수기에 커피자국은 항상 있었다. '과연 보호자들이 저 커피와 물을 아무렇지 않게 마실 수 있을까?'라는 의문이 들기도 했다. 실제 한 병원의 모니터링 과정에서 병원에서는 정수기 물을 마시려고 하는 보호자에게 동승한 보호자가 "여기 병원에 청소 안 하는 것 같아, 지저분하니까 물 마시지 마"라는 대화를 듣기도 했다. 이 얼마나 민망한 상황인가?

두 번째 용품장이다. 깔끔하게 정리되지 않은 상태로 진열된 상품들, 그 위로 쌓여서 방치되어 있는 먼지, 용품 진열장의 바닥들을 손으로 한 번 쓱 닦으면 검은색 먼지가 정말 수북하게 묻어 나왔다. 비용을 지불하고 판매하는 상품이 이렇게 방치되어 있는데 어떤 고객이 이 상품을 구매하여 자신의 반려동물에게 주고 싶어 할까 싶은 생각이 들었다.

세 번째, 진료실이다. 보호자가 진료상담을 받는 공간 당연히 항상 청결하게 잘 정리되어 있어야 한다. 하지만 테이블에 털과 정체 모를 얼룩들, 투명한 진료실 문에 묻어 있는 수많은 지문들과 얼룩들, 진료상담이 끝나면 그 상태 그대로 흐트러져 있는 컴퓨터와 의자 등 바쁜 현장의 속도감이 그대로 체감되는 듯 전혀 관리가 되고 있지 않았다.

마지막은 직원들의 용모복장이다. 근무하는 직원의 대다수가 여성이기 때문에 용모복장의 개선을 위한 과정이 가장 쉽지 않았다. 고객응대를 대표하는 매니저의 유니폼은 패스트푸드점과 생활용품을 판매하는 가게를 연상시킨다는 이야기를 면담을 통해 수집했다. 또 아무렇게 묶거나 큰 집게핀으로 대충 올린 헤어스타일, 아주 화려하거나, 전혀 하지 않은 노메이크업 상태, 신발은 신었을 때 직원의 편안함에만 포커스를 둔 크록스를 신어 걸을 때마다 신발을 끌고 다니는 소리가 났으며, 손톱의 경우 다양한 컬러와 화려한 파츠의 네일 아트를 아무런 제약없이 하고 있었다. 직원들이 전문성보다는 편함과 예쁨에 포커스를 두고 근무하고 있다는 것을 알 수 있었고, 용모복장의 모든 요소에서 동물병원에서 근무하는 직원으로서 전문성은 전혀 찾아볼 수 없었다. 이러한 부분들의 중요성을 모르고 넘어가는 경우도 있지만, 내가 만난 대부분의 원장님들은 잘 인지하고 있는 편이었다. 다만 여자 직원들이 대다수라 시각적인 부분에 대한 지적을 자칫 외모적인 부분으로 인식할 수 있어 조심스러워 말하지 못 하는 부분이 많다고 고충을 털어놓으셨다. 너무 공감되는 고충이었다. 여자인 나도 직원들과 용모복장의 개선을 위한 소통의 과정이 매끄럽지 않았으니 말이다.

사실 한편으로는 병원이라는 공간이 이렇게 관리되지 않고 방치되고 있는 현실이 믿기지 않았다. 시설의 청결상태 개선을 위해 공간에서 업무를 담당하는 매니저팀의 업무 시스템 개선이 반드시 필요했다. 현재 오픈·마감 리스트를 점검하고, 하루에 몇 번 정도 고객대기실을 점검하고 체크하는지 먼저 확인했다. 당연히 주기적으로 진행하는 시스템이 구축되어 있지 않았고 업무 매뉴얼 또한 정확하게 구축되어 있지 않았다. 먼저 오픈·마감 리스트를 상세히 만들어 보여지는 공간에 대한 청결상태를 오픈 전, 마감 전 두 번 체크할 수 있는 업무 시스템을 구축하고, 고객 대기실 라운딩 시스템을 만들어, 인원이 많을 경우 순번을 정하여 시간별로 하고, 인원이 적을 경우 특정 시간을 정하여 실행하도록 했다. 물론 습관이 되기 전까지 이들을 움직이게 만들 라운딩표를 만들어 부착한 후 체크하며 진행하였다.

시스템에 직원들이 적응될 때까지 최소 6개월 정도의 시간이 걸렸으며, 익숙한 루틴이 되기까지는 평균 1년이 걸렸다. 처음엔 자동차 업계에서 교육을 하는 사람이 하는 말이라, "동물병원에 대해서 몰라서 그러는 것 같다", "동물병원은 원래 이렇다" 등의 불만과 핑계가 많았지만, 포기하지 않고 개선이 필요한 이유를 정확하게 전달하고, 처음 3개월 동안은 내가 직접 라운딩을 돌며 병원 현장에서 바닥의 소변과 대변을 치우는 모습을 꾸준히 보여주며 청결상태를 지속적으로 점검했다.

그렇게 1년이 지난 시점에서 병원에 어떤 변화가 있었을까? 청결상태 점검과 관리는 당연한 업무 시스템으로, 매니저팀의 업무 리스트 한 부분에 자연스럽게 자리잡게 되었다. 직원들의 용모복장 개선에 있어 나의 최종 목표는 보호자가 신뢰할 수 있는 이미지 구축과 병원이 지향하는 이미지 전달을 위한 유니폼 컬러와 디자인 선정, 그에 맞는 헤어스타일, 헤어 컬러, 손톱, 신발 등 직원들의 이미지 표준화였다. 즉 일회성 잔소리의 지적이 아닌, 병원의 용모복장 매뉴얼을 만들고 표준화된 매뉴얼에 따라 직원들의 이미지를 전문성 있게 통일, 평준화시키고 해당 병원만의 이미지를 반복적으로 노출시킴으로 긍정적 시각효과를 도출하고 싶었다.

과연 시각적 이미지 개선의 결과는 어땠을까? 결론부터 말하자면, 직원의 시각적 요소인 용모복장 점검 및 변화와 개선을 통해 실제 A병원의 고객만족 지수 중 직원서비스의 만족도가 시행 1년만에 4.1점에서 4.7점(5점 만점)으로 무려 0.6점 대폭 상승하였다. 즉 보여지는 시각적 이미지를 어떻게 구축하느냐에 따라 동물병원의 고객만족 지수가 충분히 달라질 수 있다는 것을 증명한 것이다. 직원의 용모복장에 대한 자세한 이야기는 '신규 동물병원 런칭 시 동물병원CS 전략 - JUMP UP'의 한 단락에서 다시 이야기해 보자.

고객의 생생한 목소리를 반영하는 프로세스 구축으로 매출 30% 상승

02

■ 서비스의 과정에 고객을 함께 참여시키는 것

고객의 소리(Voice of Customer)란, 제공되는 제품 또는 서비스에 대한 실제 고객들의 경험과 기대치 기반의 피드백을 의미한다. 고객의 소리가 중요한 이유는 고객이 원하는 것이 무엇인지 니즈를 파악하여 고객의 기대치와 실제 경험 간의 격차를 해소시킬 수 있는 다양한 방법을 모색하고 개선을 통해 고객만족도와 충성도를 향상시킬 수 있기 때문이다. 또한 현재 우리 병원의 강점과 약점이 무엇이며 위기와 기회가 어떤 것들이 있는지 포착할 수 있는 객관적 지표가 된다.

여전히 수많은 기업에서 고객의 소리(Voice of Customer)는 고객만족도와 충성고객 확보를 위한 가장 기본적이면서도 중요한 시스템으로 운영된다. 단순히 고객들의 목소리를 수집하는 것에서 끝나는 것이 아닌, 기업이 고객과의 주기적, 지속적 소통을 통해 고객의 다양한 의견에 집중하고 수렴하여 피드백하는 과정을 통해 기업이 제공하는 서비스의 경험 과정에 고객을 참여시켜 함께 기업을 만들어간다는 이미지를 형성하는 것이다. 이러한 고객의 소리를 긍정적으로 잘 활용한 기업의 사례가 바로 매일유업이다.

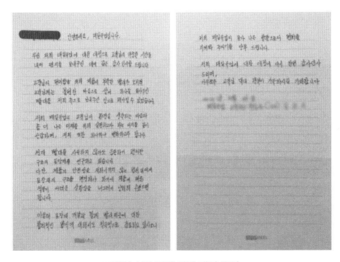

고객의 소리 모범 사례 매일 유업

어떤 한 고객이 플라스틱 빨대로 발생하는 환경 문제를 알리기 위해 제품에 부착된 빨대를 모아 편지와 함께 기업에 돌려보내는 프로젝트에 참여했다. 매일유업의 CCO는 이 고객에게 다음과 같이 정성스러운 답장을 했다. 빨대를 사용하지 않아도 음용하기 편리한 구조의 포장재를 연구하고 있으며 매일유업의 보다 나은 방향으로서의 방향을 응원해달라는 내용이었다. 이후 몇 개월이 지난 뒤, 매일유업은 실제로 플라스틱 빨대를 제거한 '상하목장 유기농 멸균우유'와 '엔요'를 시장에 선보였고,

이는 즉각적인 소통과 진실한 대응이 두드러지는 대표적인 사례로 손꼽힌다.

- 정답은 고객의 소리(VoC)에 있다! (openads.co.kr) ※참조

고객의 관점에서 이러한 경험을 하게 된다면 앞으로도 계속 매일유업의 우유를 구매하게 되는 것은 어쩌면 당연한 일이며 고객의 소리를 어떻게 관리하느냐에 따라 충성고객의 유무가 결정된다는 것도 과언이 아닐 것이다.

■ 고객의 생생한 목소리, 결국 매출과 직결된다

고객의 생생한 목소리를 수집하는 최종 목적은 병원의 매출을 상승시키는 것이다. 매출이 상승되기 위해서는 당연히 신규고객이 늘고, 기존 고객의 재내원이 반복되며, 충성고객의 확보로 구전효과의 마케팅이 발생하여 내원 고객 수가 많아지면 많아질수록 매출은 늘어나기에 고객만족과 충성고객 확보를 위한 가장 기본적이며 필수 수단으로 꼭 활용해야 한다.

우리 병원의 고객만족과 충성고객 확보를 위해서는 원장님, 직원들의 생각들이 아닌, 실제 고객들이 원하는 것이 무엇인지를 파악해서 CS 방향성을 구축해야 한다. "병원을 오래 운영하였고, 오래 다닌 직원들이 있으니 대략 고객들이 어떤 불만을 가지고 어떤 것들을 원하는지 다 알 수 있지 않은가?"라고 이야기하는 사람들도 있을 것이다. 단언컨대, 절대 그렇지 않은 이유는 실제 고객만족도 조사의 결과가 나오면 대부분 원장님들은 '아, 이런 부분은

생각지도 못 했는데, 이렇게도 생각할 수 있겠네요, 이런 부분이 문제였구나,'라며 놀라기도 하고 충격을 받기 때문이다.

보호자들은 환자의 진료를 보는 과정에서 의료진과 직원들에게 솔직한 본인의 의견과 불만을 표출하지 않거나, 하지 못 한다. 하지 못 하는 고객은 치료하는 과정에서 '혹시 내가 불만을 표출하게 되면 환자에게 불이익이 발생하지 않을까?' 하는 우려 때문이며, 하지 않는다는 고객은 다시 안 오면 된다고 생각하기 때문이다. 하지 못 하거나 하지 않은 고객들의 이유는 각각 다르지만, 다시 병원을 재내원 할 가능성은 모두 제로(0%)가 되니 충성고객을 잃는다는 측면에서 결과는 동일하다.

고객의 소리는 병원 서비스를 제공하는 직원들을 변화·개선시키기 위해 그들을 움직이게 할 객관적 자료로도 활용된다. 개선이 필요한 부분에 대해 원장님이 직원에게 하는 말과 고객의 소리를 분석한 결과 자료가 갖는 힘에는 큰 차이가 있다. "진료상담 할 때 친절하게 설명도 하고 진료 끝나고 마지막 배웅까지 나와서 인사도 하고 신경을 써라", "인사할 때는 일어나서 웃으면서 친절하게 응대해라" 등 원장님의 이야기는 직원의 입장에서 '또 시작이네….'라는 잔소리가 되지만. 고객만족도 조사를 하고 고객의 소리를 취합해 보았더니 "○○%의 고객들이 진료상담 시 설명이 부족하고 배웅인사가 부족하다고 이야기했고, ○○%의 고객들이 직원 응대가 불친절하다고 느낀다는 결과가 나왔다"라고 공유하는 것은 부정할 수 없는 고객 경험 기반의 객관적 판단 결과이니 좋든 싫든 병원의 수익을 창출해야 월급을 받아갈 수 있는 직원들의 입장에서는 본인들의 태도와 상황을 바꾸지 않으면 안 될 분명한 이유가 되는 것이다.

■ 고객이 진짜 원하는 것은 언제나 현장에 있다

|||||||||||||||||||||||||||||||||||||||||||||||||||||||||||||||||||

  사실 고객의 소리를 수집하는 가장 쉬운 방법은 고객들이 많이
모여 있는 장소에 함께 머물며 고객들의 행동과 말들을 유심히 관
찰하는 것이다. 1장에서 자세히 언급했듯이 동물병원CS의 도입과
개선을 위해 내가 가장 먼저 한 행동이 바로 3개월 동안 거의 매일
을 병원 고객대기실에 앉아서 고객들을 관찰하고 고객이 하는 이
야기를 듣고 난 뒤 하루하루 정리해서 리스트업을 하는 것이었다.

  "화장실은 어디에 있는 거야?"

  "어우, 더워라"

  "오늘도 또 엄청 기다리네, 여긴 예약을 하고 와도 늘 이렇게 아무 말 없
  이 많이 기다리게 하더라"

  "비용이 ○○○원 나왔는데, 왜 이렇게 많이 나온 거야?"

  "저 사람들보다 우리가 먼저 온 거 아냐?"

  "여기 정수기 물 먹지마, 청소 안 하는 것 같아서 너무 지저분하다"

  위 말들은 실제 내가 현장 모니터링를 통해 관찰된 내용 중 일
부이며, 이러한 이야기들이 바로 조금만 노력을 기울이면 쉽게 들
을 수 있는 고객의 생생한 목소리이다. 동물병원 CS경영의 첫 시
작은 이러한 고객의 목소리에서 시작되어야 한다. 고객의 소리를
수집하지 않고 CS경영을 시작한다는 것 자체가 불가능하며 추천

하지 않는다.

동물병원에서는 고객의 소리(Voice of Customer)를 어떻게 수집하며, 소통하고 있을까? 대부분 고객의 소리함을 비치하여 운영하거나 아니면 아직 별도 진행을 하지 않는 병원들이 대다수일 것이다. 4년 전 내가 처음 A동물병원에 왔을 때도 a4용지 크기로 고객들이 병원 이용한 후기나 수술 후 후기를 작성할 수 있도록 원내 테이블 위에 고객의 소리함이 비치되어 있었다. 취합된 고객의 소리를 월별로 매니저팀에서 정리하여 마케팅팀으로 넘겨주는데, 한 달에 많으면 2~3개, 하나도 없는 달이 더 많았고, 다소 형식적이며 활용도가 떨어진다는 생각이 들었다. 그래서 최대한 활용도와 접근성을 높이기 위해 고객의 소리를 취합하는 양식과 방법을 두 가지 관점을 통해 개선했다.

첫 번째, 부담을 줄여라

부담을 줄이는 것은 두 가지 의미를 담고 있다. 하나는 쓰는 양의 부담이고, 다른 하나는 '나 말고 다른 사람들도 의견을 자유롭게 작성하는구나'라는 심적 부담을 줄여주는 것이다. 기존의 고객의 소리함은 우편함과 같은 폐쇄형 통 안에 a4용지 크기의 종이에 작성하여 넣는 형식이었는데, 양적인 부담을 줄이기 위해 종이의 사이즈를 정사각형 포스트잇으로 줄였다. 그리고 작성 후 넣으면 다시 꺼낼 수 없다는 심적 부담감을 줄이기 위해 누구나 작성과 제거를 자유롭게 할 수 있도록 고객의 소리 포스터를 대기 공간 내 게시판에 부착하였다. 첫 시도였기에 접근성을 좀 더 높이기 위해 개선과 칭찬란에 임의로 2~3개 정도의 의견을 미리 작성하여 부착해 두었다. 이렇게 진행하는 과정에서 "보호자들이 아무도 작성하지 않을 것 같은데요?"라는 의견과 우려가 대부분이었지만, 그 결과는 어땠을까? 바로 아래 사진이 일주일, 보름, 한 달이 지난 후 병원에 비치된 고객의 소리 포스터의 실제 사진이다.

오픈 된 공간에서 작은 종이에 쉽게 작성하여 직접 붙이고 뗄 수도 있으니, 보호자들의 부담을 줄이고 병원의 입장에서는 손쉽게 더 다양한 고객의 소리(Voice of Customer)를 수집할 수 있었다. '과연 작성할까?'라는 직원들의 많은 의문과 우려가 무색할 만큼 꽤나 성공적인 결과였다.

두 번째, 주기적, 지속적으로 고객과 함께 소통하라

이렇게 포스트잇에 부착된 고객들의 의견은 월별로 취합·정리하여 개선과 칭찬에 대한 고객 의견을 전사 게시판에 업로드하여 전 직원들과 공유하고, 고객 개선 의견 중 가장 많이 나온 한 가지를 선택하여 병원에서 개선을 위한 실행 방안을 고객들이 볼 수 있도록 공유하였다.

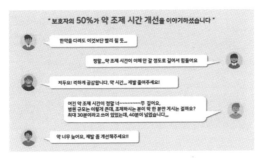

　　물론 100% 개선사항이 깔끔하게 해결되지 않는다. 하지만 이
러한 과정의 반복적으로 노출시킴으로서 고객은 최소한 '이 병원

에서는 고객이 하는 이야기에 귀 기울이며 여러가지 방법을 통해서 노력을 하고 있구나'라는 것을 보여줌으로서 추후 병원에서 발생하는 수많은 상황들에 대한 고객의 유연함을 좀 더 키워주는 역할을 하게 된다. 눈감고 귀 닫고 병원의 입장만 고집하는 곳과, 눈을 크게 뜨고 항상 고객의 소리에 귀를 기울이며 소통하는 병원이 있다면, 고객은 어디로 내원하고, 어디를 더 신뢰하겠는가? 이처럼 고객들이 원하는 것은 100% 완벽한 것이 아닌 고객의 관점에서 고객을 이해하고 존중하며 지속적 소통을 통해 개선하려는 노력을 보이는 것이다.

과거에도 그랬고, 현재에도, 그리고 앞으로도 고객의 소리(Voice of Customer)는 가파르게 성장하는 반려동물 시장의 규모와 점점 치열해지는 동물병원의 경쟁시대에서 '고객이 정말 원하는 것은 무엇이며 어떤 다양한 니즈를 가지고 있는지'에 대한 실제 고객의 생생한 목소리를 경청하고 빠르게 행동으로 옮기기 위해 최소한의 비용으로 최대의 효과를 기대할 수 있는 최선의 방법임이 분명하다.

고객불평 상황 수치화 관리와
직원 공유로 불만족 50% 하락

03

고객만족 경영의 시작, 고객불만에서부터

||||||||||||||||||||||||||||||||||||||||||||||||||||||||||||||||

고객불만 제로! 고객서비스를 제공하는 기업이라면 누구나 꿈꾸는 목표이다. 그러나 아무리 우수하고 좋은 기업일지라도 고객불만이 없는 곳은 존재하지 않는다. 그 이유는 명백하다. 서비스는 **무형성, 소멸성, 비분리성, 이질성**의 4가지 특징을 가지고 있는데 이러한 특징 때문에 같은 서비스를 제공받더라도 사람에 따라 느끼는 정도가 천차만별이기 때문이다.

사실 서비스는 눈으로 확인되고 만질 수 있는 형태가 없기에 동일한 서비스를 전달하고 만족을 느끼는 것은 불가능하다. 결국 고객만족은 두 개의 주체에 의해 결정되는데, 서비스를 전달하는 사람, 그리고 서비스를 전달받는 사람, 즉 직원과 고객 두 사람의 개인적 성향, 시각적 요소, 청각적 요소, 말의 내용 등에 따라 달라진다.

요즘 유행하는 MBTI에서 4가지 선호 지표를 통해 사람을 16가지 유형으로 나누며, 그 유형에서도 사람마다 살아온 환경, 현재의 상황 등 더 다양하고 세밀한 유형별 특징들을 볼 수 있다. 이렇게 다양한 유형의 사람들을 100% 만족시켜 불만제로가 된다는 것은 어쩌면 애초에 불가능한 접근이라 생각된다. 그래서 고객만족에는 정답이 없고 해답만이 있을 뿐이라고 모두가 이야기하는 것이다. 그럼 정답이 없는 고객만족에서 고객불만 관리가 중요한 이유는 무엇일까?

'나쁜 소문은 좋은 소문보다 4배 빨리 퍼진다'
2009년 MBC방송국 제작진이 조사한 소문의 전파에 대한 심리 실험을 보면 실험 대상자 100명 기준, 부정적 소문은 81%가 소문을 듣고, 86%가 소문을 전했고, 긍정적 소문은 불과 18%만이 소문을 듣고, 4%만이 소문을 전하는 결과를 보여 부정적 소문이 긍정적 소문보다 약 4배 정도 빠르게 전파된다는 결과가 나왔다.

https://www.busan.com/view/busan/view.
php?code=20090206000239 ※참조

미국 펜실베니아대 와튼스쿨의 연구에 따르면 직접 항의하지 않은 불만 고객 1명을 통해 90명이 불만족의 경험을 전달받는다고 한다.

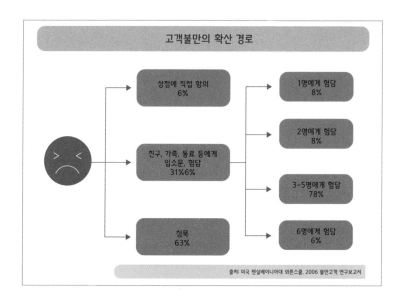

고객불만의 확산 경로

상점에 직접 항의
6%

친구, 가족, 동료 등에게
입소문, 험담
31%6%

침묵
63%

1명에게 험담
8%

2명에게 험담
8%

3-5명에게 험담
78%

6명에게 험담
6%

출처: 미국 펜실베이니아대 와튼스쿨, 2006 불만고객 연구보고서

사실 불만을 느낀 고객 중 표출하는 고객은 6%밖에 되지 않는다. 나머지 94%의 고객은 침묵한다. 고객이 침묵하는 이유는 대부분 다시 해당 서비스를 이용하지 않겠다는 것이다. 반대로 생각하면 우리 병원에 불만을 이야기하는 고객을 소중하게 생각하고 감사를 표현해야 한다. 불만을 표출한다는 것은, 다시 재내원 할 가능성이 높은 고객이며, 이들의 불만을 해소시켜 주는 것이 충성고객을 만드는 지름길이기 때문이다.

동물병원CS 관련 강의나 컨설팅을 통해 원장님들께 고객만족 경영을 위해 가장 먼저 시작해야 하는 건 딱 2가지라고 말한다. **첫째, 컴플레인 관리, 둘째 고객 만족도 조사**(고객의 소리 수집)이다. A동물병원의 입사 후 CS에 관련된 아무것도 구축되지 않은 백지의 상태에서 내가 가장 먼저 했던 것 또한 해당 지점의 고객만족도 조사였다. 고객불만을 제대로 알기 위한 고객만족도조사(고객의 소리 수집), 컴플레인 관리, 이 두 가지를 건너뛰고는 결코 고객만족 경영을 시작할 수 없다.

■ 보고 듣고 공유했을 뿐인데. 이렇게 달라졌다

우리 병원에 내원하는 보호자는 어떤 불만을 표출하고 있는지 정확히 알고 있는가? 알고 있다면 모든 직원에게 공유하는가? 공유했다면 해당 부분들이 개선 또는 보완되었는가? 되었다면 그 과정이 고객에게도 공유되었는가? 우리가 고객만족 경영을 위해 고객 불만을 관리할 때 꼭 알고 있어야 하는 프로세스이다.

'보호자의 불만 취합 ···› 전 직원 공유 ···› 개선/보완 ···› 고객 공유 및 피드백'의 과정이 지속적으로 반복되어야 한다. 이 프로세스를 실제 적용하여 고객만족 지수가 상승한 B동물병원의 사례를 공유해 본다. B병원은 내가 진행하고 있는 랜선서비스 프로젝트에 4년간 한 번도 빠지지 않고 원장님과 담당직원이 참여한 우수 병원이다. 랜선서비스 프로젝트는 불만고객에 대한 내용과 함께 동물병원에서 실제 발생하는 컴플레인을 월별로 취합하여 월별 수치변화와 상황별 발생빈도를 체크하고, 몇 가지 상황에 대해서는 응대방법과 현장에 더 적합한 솔루션을 공유하는 비대면 교육 프로젝트이다. 해당 프로젝트를 통해 B병원은 월별 컴플레인 상황을 취합했고, 매월 반복적으로 발생되는 고객불만이 무엇인지 인지하고, 분기별 컴플레인 관리를 위한 목표와 계획을 세워 실행했다. 그 외에도 CS에 관련해 진행하는 대부분의 교육에 참여했고, 원장님이 CS에 매우 높은 관심도를 보였으며, 직원들과 해당 부분에 대한 내용 공유도 잊지 않으셨다. 그 결과 1년 사이에 고객만족지수(NPS : 고객추천지수 포함)가 아래처럼 대폭 상승하는 결과를 보여주었다.

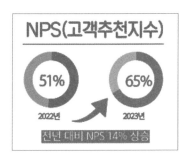

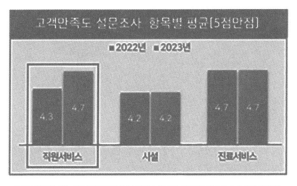

2023 벳아너스 고객만족도조사 결과 중(조사 기간 내 내원 보호자 177명 대상)

이러한 결과가 나오기까지의 과정이 결코 쉽지 않음을 잘 알기에 B병원 원장님께 정말 고생 많으셨고 대단하시다는 말과 함께 동물병원CS에 긍정적 결과를 만들어 주셔서 감사하다는 말을 함께 전달 드렸다. B병원 원장님 또한 이번 고객만족지수 결과 상승과 실제 보호자들이 남겨준 긍정적 의견들을 통해, 동물병원CS에 대한 중요성을 다시 한번 체감했고 앞으로도 계속 관심을 가지고 지속적으로 CS관련 교육과 실행, 그리고 직원들의 성장을 통해 또 다른 부분들을 채워가겠다고 하셨다.

고객만족 경영, 어디서부터 어떻게 시작해야 하는지 전혀 감이 오지 않는다면 어렵게 생각하지 않았으면 한다. 일단 매월 우리 병원에서 어떤 고객의 불만들이 나오고 있는지 정리해보고, 현재 우리 병원의 고객만족지수는 어느 정도인지 조사를 진행해 보는 것이다.

고객이 없으면 동물병원도 존재할 수 없다. 최신장비를 도입하고, 공격적 마케팅으로 홍보에 비용을 투자하여 일시적 효과로 인해 매출이 증가하더라도, 고객 불만을 제대로 관리하지 않고 그대로 남겨두면 그 불만들은 반드시 다시 되돌아와 어려운 상황을 초래할 수 있다. 동물병원의 고객만족 경영은 마케팅, 진료, 최신장비, 병원의 규모와 시설 등에 성공이 결정되는 것은 아니다. 고객 불만을 빠짐없이 체크하고 고객 의견에 귀 기울여 해결과 노력의 과정을 공유해 주어야 한다. 이런 과정을 통해 결국 '신규고객 창출 ⋯ 재내원 ⋯ 충성고객 확보'의 사이클이 선순환 되어 매출이 올라가고 이익을 통해 병원의 성장과 지속발전을 유지할 수 있다는 점을 기억하자.

동물을 사랑하는 직원이 아닌, 고객을 사랑하는 직원을 선발하라

04

■ 동물과 고객을 함께 이해하고 존중하는 것

|||||||||||||||||||||||||||||||||||||||||||||||||||||||||||||||||

동물병원의 현장을 유심히 들여다보면, 제공되는 모든 서비스들은 사람과 사람으로 연결되어 있다. 병원을 내원 후 접수에서 수납 후 고객 배웅까지 고객의 처음과 마지막을 함께하는 매니저팀, 환자의 상태를 치료하고 보호자에게 직접 설명하는 의료진, 환자를 보호자에게 인계하고 복약지도 등을 진행하는 테크니션 팀 등 모든 팀들이 사람과 사람, 더 정확히 말해 직원과 보호자로 연결되어 있다. 사람 병원이 아닌 동물병원이지만 동물은 당연히 말을 하지 못 하니 보호자와 모든 걸 전부 공유하고, 내원의 모든 과정에서 만족도는 결국 보호자의 감정에 의해 결정되니 매우 까다롭고 어려운 것이다.

이렇게 모든 과정들이 빠짐없이 사람과 연결되어 있는데, 실제 현장에서의 직원들을 살펴보면 동물을 아끼고 사랑하는 마음은 100%인 반면 보호자를 이해하고 존중하는 마음이 다소 부족하다는 것을 알 수 있다. 원내에서 동물들이 아파서 짖거나 물려고 하거나, 발톱으로 할퀴는 등의 이슈에는 '말 못하는 동물이니까 그럴 수도 있지'라는 넓은 이해심이 적용되는 반면, 아픈 반려동물을 케어 하느라 지친 몸과 마음, 비싼 진료비용으로 예민해진 보호자들의 행동과 언행에는 동일한 이해심이 적용되지 않으니 말이다.

동물병원 현장모니터링 시 자주 접하게 되는 모습 중 하나가 예쁜 반려동물이 내원했을 때 데스크에 근무하는 매니저팀 직원들이 모두 엄청난 하이톤으로 '와~, 너무 예뻐요, 어쩜 이렇게 예쁘고 귀여워요"라며 쪼르르 데스크 앞으로 달려 나와 반려동물을 쓰다듬고, 사진을 찍기도 하며, 한참을 근무지로 복귀하지 않고 관심을 두는 것이다. 이러한 모습이 모니터링 된 후 나는 즉시 매니저팀 팀장과 미팅을 진행하며 해당 상황에 대한 우려를 명확히 전달했다.

동물병원은 대부분 아픈 반려동물들이 내원하는 곳이기에, 예쁘고 귀여운 모습이 아닌 노견, 노묘, 눈이 한쪽 없거나, 시력을 잃거나, 털이 거의 다 빠졌거나, 다리가 불편한 등의 모습의 환자들이 많이 내원하게 된다. 그런데 직원들이 일부 예쁘고 귀여운 반려동물 대해 다른 응대를 하는 모습을 보게 되면 아픈 아이를 케어하는 보호자의 입장에서는 결코 유쾌한 경험이 될 수 없다. 그러니 각별히 직원들에게 전달 후 추후 해당 행동들이 반복되지 않도록 부탁했고, 내가 근무했던 1년 정도의 기간 동안은 해당 행동들이 재발생되지 않게 잘 관리되었다. 4년이 지난 지금도 잘 지켜지고 있지 않을까?

사실 이런 행동을 이해하지 못하는 건 아니다. 예쁜 강아지, 고양이를 보면 사랑해주고 싶은 마음이 드는 건 어쩌면 당연하다. 또 반려동물을 좋아하는 친구들이 동물병원에서 근무하는 가장 큰 이유로 강아지 고양이를 언제든지 볼 수 있다는 것을 장점으로 꼽는다. 이는 단순하게 생각하면 참 예쁘고 순수한 마음이긴 하나, 동물병원이라는 특수성을 고려했을 때 꽤나 우려되는 인식이라는 생각이 들었고, 실제 보호자들이 앞에서 티를 내지는 않지만, 직원들의 무의식 속 차별적 응대에 본인의 반려동물의 아픔으로 인해 지친 마음에 또 다른 상처를 줄 수도 있기에 조심해야 하는 부분이다.

물론 모두가 다 그런 것은 아니다. 이미 이런 부분들을 세심하게 잘 체크해서 진행하는 직원들도 있을 것이다. 그리고 이러한 행동은 의식해서 일부러 나오는 것이 아닌 무의식 속 자연스러운 표현이기에 직원들의 행동이 무조건 잘못되었다는 것도 아니다. 다만 한 가지 아쉬운 점은, 조금만 다른 보호자들의 입장을 먼저 들여다보고 생각했다면 그렇게 행동하지 않았을 것이라는 점이다.

사람은 누구나 공평한 서비스를 받기를 원한다. 고객이 판단하는 공평한 서비스 안에는 인적서비스의 요소들이 꽤나 많이 포함되어 있다. 수입차 전시장에는 자주 연예인들이 방문한다. 연예인이 방문했다고 해서 전시장에 근무하는 리셉션들과 딜러들이 자리를 이탈하여 사진촬영을 요구하거나 너무 멋지다고 예쁘다는 칭찬을 하는 상황은 전혀 발생되지 않는다. 연예인도 전시장에 들어온 순간에는 해당 브랜드를 방문한 동일한 고객이기 때문이다.

그리고 수입차 브랜드에서는 입사하기 전 필수 이수교육에 해당 내용들 또한 포함되어 있다. 연예인, VVIP고객들에 대한 차별화 된 서비스도 백화점, 호텔 등과 같이 프리미엄 브랜드의 수입차 전시장에서도 당연히 필수로 제공된다. 언제? 바로 다른 고객들과 분리된 개별 공간에서 개별 응대가 가능한 순간에 말이다. 오픈 된 공간에서는 모두에게 공평한 서비스를 제공하고, 독립된 개별 공간에서는 맞춤형 서비스를 제공하는 것이 공평한 서비스를 받기 원하는 고객들의 심리를 반영한 고객서비스의 가장 기본적 규칙인 것이다.

동물병원에서도 모두에게 오픈 된 접수처, 고객대기실에서는 공통서비스를 제공하고, 면회실, 개별 대기실, 진료상담실 등 독립된 공간과 보호자와 환자 맞춤형 서비스를 제공하고 동물병원을 단순히 동물을 사랑하고 아껴주는 공간이 아닌, 사람과 동물을 함께 중심에 두고 일하는 곳이라는 인식이 필요하다.

■ 동물과 고객을 함께 중심에 두고 일하는 곳

||||||||||||||||||||||||||||||||||||||||||||||||||||||||||||||||||||

강아지, 고양이 좋아하세요? 반려동물 키우세요? MBTI가 어떻게 되나요? A동물병원 매니저팀의 직원을 채용하는 면접에 함께 참석했을 때 기존에 면접을 총괄했던 담당자가 가장 먼저 했던 질문이다.

대부분 동물병원은 매니저팀의 채용은 매니저 실장, 팀장이 총괄 진행·담당한다. 입사지원 서류 검토 및 서류합격자를 선별하고 면접진행 후 최종 합격자 선발까지 모두 결정하는 것이다. 사실 큰 기업에서 3차 이상의 까다로운 면접 시스템과 선발 절차에 익숙해져 있던 나는, 직원 채용이라는 중요한 부분이 채용분야에 전문적 경험이 없는 사람에게 맡겨지는 상황과 그들이 지원자에게 하는 질문들 또한 선뜻 이해가 가진 않았다. 하지만 내가 가장 놀랐던 건 면접이 끝난 뒤 '동물을 좋아하니까 사람이 좋을 것 같아', '일 잘 할 거 같다', 'MBTI가 ○○○○이니깐 나랑 잘 맞을 것 같다', '지금 팀원들과 잘 어우러질 것 같다', '여기서 적응 잘하겠다' 등 지원자의 채용 여부에 특정 정보로 유추된 선입견을 가지고 판단을 한다는 것이었다. 동물병원 매니저팀에 채용 기준이 반려동물을 좋아하고 키우고 있으며 더 좋고, 기존 팀원들, 중간관리자와의 MBTI 궁합이 잘 맞는 사람이라니, 이 무슨 얼토당토 않은 논리인가?

동물병원에 근무하는 사람이라면 당연히 동물을 좋아해야 하고 동물을 좋아해야 일을 잘할 수 있을까? 아마 동물병원 매니저팀의 90% 이상을 차지하는 업무범위를 정확히 알면 내가 무슨 말을 하고 싶은지 이미 눈치챘을 것이다. 물론 '동물병원이니 동물을 싫어하거나 무서워하면 근무가 불가능하기에 물어봐야 하는 것 아닌가?'라고 생각하겠지만, '동물을 싫어하거나 무서워하는 사람이 동물병원 매니저팀에 입사를 지원할까?'라는 생각을 해보면, 굳이 이 질문이 동물병원 매니저팀 채용 질문리스트에 들어가야 할까? 오히려 아픈 강아지, 고양이가 내원하는 곳이라 보호자를 도와 잠시 아이들을 안고 있어야 하는 경우도 생길 수 있는데 혹시 이런 상황과 관련해 "강아지, 고양이 무서워 하나요? 혹시 알레르기가 있나요?"라는 질문이 더 적합할 것이다.

이후 A동물병원 매니저팀 면접을 내가 총괄해 진행하게 되면서 채용 시 필수 질문리스트를 직무 적합도/직무 관심도/목표/조직적응력/가치관/문제해결능력 등을 파악할 수 있게 구축하였다.

- 간단한 자기소개(30초~1분)
- 동물병원 매니저팀에 지원한 이유는?
- 동물병원 매니저팀은 주로 어떤 업무를 하는 곳이라고 생각되는가?
- 해당 직무를 수행하기 위해 가장 중요하고 필요하다고 생각하는 것은?
- 보호자의 입장에서 본 우리 병원 매니저팀은 어떤 느낌인가요?
- 내가 가진 강점과 단점은 무엇인가요?(성격+업무 역량)
- 내가 가진 강점과 단점으로 인해 성공하거나 실수했던 경험이 있다면?
- 실수했던 경험이 있다면 대처 방법과 그 과정에서 느낀 점은?
- 스트레스 해소 방법은?
- 입사 후 1년 뒤, 3년 뒤 내 모습을 그려본다면?
- 마지막으로 하고 싶은 말이 있다면?

이제는 동물병원에서 근무하는 직원은 모두가 동물을 좋아해야 한다는 일차원적인 생각에서 벗어나 사람 병원보다 다소 더 까다로울 수 있는 **아픈 반려동물**과 **보호자**라는 두 가지 접점을 모두 만족시켜야 하는 곳으로, 동물과 사람을 함께 중심에 두어야 한다는 것을 기억해야 한다.

물론 '사람과 동물을 동일한 기준으로 생각하는 게 맞는가?'라는 의문이 들 수 있지만, 동물병원을 내원하는 환자와 보호자 중 우리가 결과적으로 만족시켜야 하는 것은 환자를 케어하는 보호자이기에 적어도 동물병원에서 근무하는 직원이라면, 근무를 희망한다면, 새로운 직원을 채용하는 병원이라면, 다음의 세 가지 마음 자세를 갖추었는지 점검해 보아야 할 것이다.

- 동물과 사람을 모두 이해하며 존중하는 마음
- 개인의 감정을 절제하며 다양한 환자와 보호자의 상황을 들여다보는 마음
- 보호자의 입장을 먼저 이해하려고 노력하는 마음

동물병원CS가 병원의 소프트파워임을
전 직원이 알고 있는 문화 구축: 삼성서울병원

05

■ 최상의 케어기버(Care giver) 원팀 시스템

과거 병원과 환자의 관계는 명확한 갑과 을의 관계였다. 입원하기 위해 무작정 기다려야 했고, 촌지를 주는 일도 있었으며, 의사가 환자에게 반말을 하는 일도 비일비재했다. 그러나 그 중 삼성서울병원은 개원과 함께 기다림, 보호자, 촌지 없는 의료경영을 하는 유일한 병원으로 자리매김했다. 이러한 과정에서 다른 병원들의 수없이 많은 불만들을 들었지만, 분명한 것은 삼성서울병원이 있었기에 한국 진료문화의 패러다임이 바뀌게 되었다고 해도 과언이 아니다.

2019년 삼성서울병원은 또 한 번 혁신적인 변화를 시도했다. 병원의 모든 직원의 호칭을 '선생님'으로 통일하고 모든 직종을 케어기버(CareGIVER)로 새롭게 정의했다. 케어기버란? 서로를 존중하고 배려하는 문화로 최상의 치료 성과를 만드는 전문가라는 의미로 환자가 병원을 선택하는 순간부터 퇴원할 때까지의 '환자경험'의 전 과정에서 의사, 간호사, 약사 등의 의료직 뿐 아니라 환자가 만나는 모든 직원이 '원팀'이라는 자긍심을 가지고 최상의 서비스를 제공하는 것이다. 대한민국에 존재하는 병원 중 가장 좋은 조직문화를 갖추고 있지만, 일부 남아있는 도제식, 수직적 관계를 개선하고 수평적 병원문화를 구축하기 위해 다시 새로운 변화를 또 한번 시도하며 의료계에 선한 영향력을 현재까지 꾸준히 전파하고 있다.[1]

이러한 소프트파워의 강력한 힘이 담긴 조직문화를 형성하는 것은 결코 쉬운 일이 아니다. 사람의 마음을 움직인다는 것이 어쩌면 불가능할 수도 있으니 변화의 과정에 얼마나 힘든 여정이 녹아져 있는지 직접 보지 않아도 알 수 있다. 하지만 건강한 조직문화를 구축하는 것은 시도할 엄두가 나지 않아 하지 않았을 뿐, 절대 불가능한 것이 아니다.

병원의 조직문화가 바뀌면 무엇이 달라지는지는 삼성창원병원의 이야기에서 알 수 있다.

삼성창원병원은 지난 2016년부터 조직문화 운동을 진행하고 있다. 일명 '블루 다이아몬드'라고 불리는 이 문화운동은 병원의 조직구성원 스스로가 행복하게 일하는 방법을 터득하게 하기 위해 기존의 위에서 아래로 지시하던 탑다운(Top-down) 방식에서 아래에서 위로 진행하는 '바텀업(Bottom-up)' 방식으로 진행됐다. 또한

---

1) [의료] "원팀으로 환자 돌보는…최상의 '케어기버' 시스템 도입", 매일경제(mk.co.kr) ※참조

가지 주목해야 할 점은, 진행되는 과정 동안 원장은 지원만 할 뿐 그 어떠한 관여도 하지 않아야 한다는 조건이었다. 경영진의 요구나 욕구가 포함되지 않고 모든 직원들이 스스로 움직이는 자발성을 갖기 위한 중요한 결정이었다.

6년 동안 진행된 '블루 다이아몬드' 문화운동으로 어떠한 변화가 일어났을까? 결론적으로 희망도 믿음도 없던 냉소적이고 부정적인 직원들이 서서히 달라지기 시작했고, 5년 후 "우리 병원의 위상이 어떻게 될 것 같은가?"라는 질문에 불과 37%만이 "높아질 것 같다"라고 응답했지만, 다시 3년 뒤 동일한 질문에 무려 74%의 직원이 "높아질 것"이라고 응답한 큰 변화의 결과를 가져왔다.

또 한 가지 가장 눈에 띄는 변화는 바로 외래 간호사들의 환자를 대하는 태도였다. 3년 전 환자들과 눈도 잘 마주치지 않았던 간호사들이 환자와 눈을 마주치며 미소를 띤 얼굴로 응대하는 등 작은 변화의 시작들을 확인할 수 있었다.[2]

■ 사람이 답이다. 쉽고, 재미있게

|||||||||||||||||||||||||||||||||||||||||||||||||||||||||||||||||

고객만족, 고객 경험, 매출상승, 퍼포먼스 마케팅, CS컨설팅 등 우리가 시도하고 기대하는 모든 것의 마지막은 항상 사람에 의해 성패가 결정된다. 훌륭한 의료진의 실력, 넓고 깨끗한 시설, 큰 규모, 최신 장비, 좋은 입지조건 등 아무리 훌륭한 조건들을 많이 가지고 있더라도, 결국 그 안을 빼곡하게 채워주는 사람이 누구인지

---

2) '희망도, 믿음도 없던 직원들이 달라지니 병원이 바뀌었다', 〈청년의사〉 (docdocdoc. co.kr) (※참조

에 따라 성공과 실패가 결정되는 것이다.

회사 내 조직문화가 중요하고 꼭 필요하다는 것은 모두가 알고 있는 사실이다. 하지만 인지하고 있는 중요성에 비해 시급한 문제로 인식되지 않고 방치되는 경우가 많은데, 그 이유는 당장 눈에 보이는 효과와 성과를 측정하고 볼 수 없기 때문이다. 그래서 여유가 있을 때 해보거나, 매출이 잘 나왔을 때 화두로 떠오르지만, 금세 바쁜 현업에 치여 아무도 신경 쓰지 않는 먼지 쌓인 숙제로 남았다가, 다시 매출이 하락하거나 현장의 이슈가 자주 발생하게 되면 "문제는 바로 조직문화였어!"라는 결론에 이르게 된다.

과연 조직문화가 성과에 많은 영향을 끼칠까?

실제 글로벌 기업들을 9년동안 추적 조사한 결과, 조직의 건강도가 높은 기업을 그렇지 못한 기업의 성과를 3배 이상 상회하는 것으로 나타났다. 또한 건강한 조직문화는 현재의 성과보다 미래의 성과와 보다 강한 상관성을 가진다는 것도 밝혀졌다. 즉, 현재의 조직문화는 미래의 성과에 대한 예측 가능한 지표인 것이다.[3]

그럼 동물병원에 다른 기업의 이상적인 조직문화를 가져와 대입시킨다고 성공적인 결과를 도출할 수 있을까? 수직적인 소통방식이 한순간에 수평적 소통방식으로 바뀔 수 없듯이, 동물병원의 특성과 방향성, 직원들의 보편적 성향에 따라 자유와 책임이 강조되거나 누군가의 리드하에 역할분담과 협업이 중요시되는 등 조직구성원의 각각의 역량을 극대화할 수 있는 최적의 모습을 찾아가는 것이 중요하다. 하지만 이런 최적의 모습을 찾아가는 것은 매

---

3) '당장 효과도 없고, 측정도 어렵지만, 조직문화는 강력한 미래 성과 예측 지표'. 《하버드 비즈니스 리뷰[HBR](hbrkorea.com)》(※ 참조)

우 힘들며 성공적인 결과를 낼 가능성 또한 매우 희박하다.

그래서 나는 동물병원의 건강한 조직문화의 완성이라는 큰 욕심은 전부 덜어내고, 아주 쉽고, 누구나 한 번쯤 해 본적 있고, 재미를 더해, '바쁜데 이런 것 까지 해야 돼?'라는 부정적 생각을 '막상 해보니 좋은 것 같아!'라는 긍정적 생각으로 변화시켜 병원의 모든 구성원들의 몸에 익숙하게 습관화하는 것을 목표로 정했다.

지난 2021년부터 지금까지 꾸준히 동물병원CS Director로 건강한 조직문화를 위한 CS매거진과 조직문화 캠페인을 기획, 발행하고 전국 70개의 동물병원의 직원들과 소통하고 있다. '에스프레소맨을 찾아라', '미라클 챌린지', 'WE함 캠페인', '우.문.현.답 미션', '다.닮.빛(다름

과 닮음 속 빛나는 우리/나와 반대성향의 MBTI를 찾아라!) 미션' 등 다양하고 재미있는 조직문화 캠페인이 진행되고 있다.

　매우 수동적이고, 많은 선입견을 가지고 있는 동물병원이기에 조직문화의 변화를 위한 캠페인을 진행하며 참여를 유도하는 것이 쉽지 않았다. 하지만 4년이 지난 지금, 이제는 조직문화 캠페인이 공지되면 각 병원의 CS담당자들의 기발한 아이디어들이 더해져 너무나 재미있는 미션 진행 사진들이 공유된다. 바쁜 현장 속 작은 변화의 움직임을 끊임없이 함께 이어가고 있다.

　현재 평균 30개 이상의 병원에서 꾸준히 참여하고 있으니 향후 3년 뒤를 생각해 본다면 '동물병원에서 이게 가능하다고?'라는 의심이 들 수 있을 만큼 꽤 성공적인 결과라고 말할 수 있을 것이다. 그동안의 노력으로 반말이 오가던 동물병원에 호칭의 존중 문화를 더하고, 파트별 가득했던 경계심에 함께하는 동료라는 인식을 더했으니 앞으로 좋은 인재들이 먼저 찾아오는 건강한 조직문화를 갖춘 동물병원으로 성장하기 위한 첫발을 성공적으로 내딛은 건 분명하다. 첫 시작과 함께 앞으로 수많은 시행착오가 발생하겠지만, 확실한 건 병원의 성공을 위해 꼭 필요한 것은 좋은 직원이며, 좋은 직원을 완성해주는 것은 심리적 안전감을 제공해주는 것이다. 그리고 직원의 심리적 안전감을 위해 반드시 필요한 건 몸이 편한 것이 아닌 마음의 편함과 안전함을 제공하는 건강한 조직문화가 형성되는 것이다.

동물병원CS 매뉴얼이 아닌 실행력과 리뉴얼에 집중하라

06

■ 보기 좋은 떡이 먹기에는 부담스럽다

매뉴얼(manual)이란, 내용이나 이유, 사용법 따위를 설명한 글(※ 네이버 어학사전)을 말한다. 잘 만들어진 매뉴얼은 업무 프로세스를 표준화하고 일관성을 유지하기 위한 기준이 된다. 또 시각자료의 반복적 활용을 통해 업무 실수를 줄이고 업무 처리 시간과 신규 직원 교육 시간을 단축시켜 업무 생산성과 효율성을 향상시킬 수 있다. 이처럼 체계적인 매뉴얼을 사용하여 직원관리가 가능하게 되면 이직률이 감소되는 긍정적 결과를 도출할 수 있다.

규모가 큰 기업은 브랜드의 서비스를 제공하기 위한 업무 매뉴얼이 체계적으로 잘 구축되어 있고 그 양 또한 매우 방대하다. 이는 다양한 부서가 매우 세밀하게 세분화되어 있고 제공하는 서비스의 종류도 많기에 당연한 결과다.

그렇다면 매뉴얼의 실제 활용도는 어떨까? 현장 직원들에게 매뉴얼의 실제 활용도를 물어본다면 대부분 "활용도가 높지 않다"고 답할 것이며, 특히 서비스관련 직종에 근무했던 사람이라면 공감할 것이다. 나는 규모가 큰 기업의 체계적이지만 방대한 양의 매뉴얼이 잘못되었다는 것을 이야기하는 것이 아니다. 다만 회사의 규모와 특성, 실제 사용자 등을 고려하지 않고 만들어진 형식적 매뉴얼이 현장에서 잘 활용되지 못하는 부분이 안타까운 것이다.

동물병원 CS컨설팅 진행과정에서 나는 가장 먼저 기존에 구축되어 있는 실무매뉴얼의 자료 유무에 대해 조사한 뒤 기존 자료를 검토하고 분석한다. 불행인지 다행인지, 아직까지는 동물병원에서는 매뉴얼이라는 개념이 뚜렷하게 없었기에 위에서 이야기한 형식적 매뉴얼에 대한 우려없이 현장의 활용도를 높일 수 있는 기본 매뉴얼을 좀 더 매끄럽게 구축할 수 있었다. 하지만 규모가 큰 기업들의 잘 짜여진 매뉴얼북과는 반대로 대부분의 동물병원에서는 매뉴얼에 정확한 개념과 필요성을 잘 인지하지 못하는 경우가 많았고, 매뉴얼을 만들고는 싶지만 어디서부터 어떻게 해야 할지 모르겠다고 이야기한다. 병원의 규모가 작았을 때는 구두로 교육하고 그때그때 업무를 수정하고 진행하는 것이 가능했지만, 병원의 규모가 커지고 직원의 수가 늘어난 병원의 원장님이라면 매뉴얼 부재의 필요성과 한계를 몸소 느끼고 있을 것이다.

매뉴얼 구축과정에서 나는 이 말을 꼭 전한다.

"처음부터 너무 잘 만들려고 하지 마세요. 지금 우리 병원의 직원들이 만들 수 있는 적정선을 정하여 기본 업무부터 구축하시면 됩니다. **매뉴얼 구축보다 더 중요한 건 만들어진 자료를 현장에서 활용하**

여 **실행에 옮기는 것입니다.**"

좋은 매뉴얼이란, 현장에서 사용하고 실행하기 편리하고 지속적 리뉴얼이 가능해야 한다. 활용되지 않고 실행하지 않는 묵혀 둔 매뉴얼은 빛 좋은 개살구밖에 될 수 없다.

■ 메뉴얼, 시작이 반이지만, 완성은 언제나 현재진행형!

체계적이고 효율적인 업무 프로세스를 위해 매뉴얼은 반드시 필요하다. 이건 변하지 않는 사실이다. 하지만 더 중요한 것은 매뉴얼을 구축했다면 현장에서 반드시 실행하고 지속적 리뉴얼(renewa)을 반복해야 한다는 점이다. 매뉴얼은 현장에서 직원들의 실행력을 높여주기 위해 존재하기 때문이다. 실행하지 않는다면 매뉴얼을 구축할 필요가 없고, 실행으로 옮겨지지 않는 매뉴얼은 잘못 구축된 것이므로 실행력을 높일 수 있도록 재검해야 한다. 즉 매뉴얼 구축은 끝이 정해져 있는 업무가 아닌, 현장에서의 실행과 리뉴얼을 통한 수정, 보완이 지속되어야 하는 무한반복의 영역인 것이다.

내가 경험했던 동물병원의 사례를 들어보면, 이 병원은 규모가 꽤 큰 병원이었고, 많지는 않았지만 나는 기존 매뉴얼들은 점검하여 현장의 업무에 바로 적용·실행할 수 있게 바꾸고, 추가적으로 더 필요한 매뉴얼들은 새롭게 구축하였다. 이러한 과정을 통해 각 팀을 통솔하는 중간관리자인 팀장, 실장님들에게 새롭게 변화된 매뉴얼들을 신입교육, 현장에서 적극 활용하고 또 주기적으로 새롭게 변화된 병원 시스템에 맞게 반드시 리뉴얼을 지속해 주길 강조 또 강조했다. 그리고 시간이 지난 지금, 과연 리뉴얼은 잘 되고 있을까? 결론을 이야기하면 안타깝게도 아니다. 하지만 이건 동물병원뿐 아니라, 대부분의 서비스 현장에서 나타나는 공통된 현상이다.

그만큼 서비스를 제공하는 현장에서 구축된 매뉴얼을 실행하고 지속적인 리뉴얼을 한다는 것은 생각한 것보다 훨씬 더 많은 노력과 의지가 필요하다. 새로운 것을 구축할 때 많은 사람들의 시간과 수고가 필요하지만, 구축된 좋은 결과를 유지하고 향상시키기 위해서는 두 배 이상의 강한 의지와 노력이 요구된다. 하지만 이러한 노력과 의지가 지속되지 않는다면 그동안 긍정적 변화의 많은 노력들이 너무 허무하게 수포로 돌아가게 된다.

처음 매뉴얼을 구축하여 실행하게 되면 무에서 유가 창조되니 실행하는 직원들의 의지도 열정도 가득, 서비스를 제공받는 고객들의 반응도 즉각즉각 긍정의 피드백이 넘쳐난다. 하지만 시간이 지나면 새로움이 익숙함으로 변해가면서 직원들에게 "이 정도면 잘하고 있다"라는 생각이 자리잡고, 고객들은 변화된 서비스 시스템을 점차 당연한 서비스로 받아들이게 된다.

시시각각 변화하고 성장하는 시대에 살고 있는 지금, 1년 전에 만들어 둔 매뉴얼이 1년이 지난 지금, 고객들을 만족시킬 수 있을까? 안타깝지만 우리의 고객들이 오늘 만족했다고 해서 내일도 만족할 거라고 보장할 수 없다. 우리가 사용하는 전자기기도 새로운 기능과 정보, 보안 등 전반적 기능 향상을 위해 새로운 버전으로 업데이트를 계속 해줘야 하는 것처럼, 고객과 시장의 변화에 맞춘 병원서비스를 제공하기 위해서는 매뉴얼을 지속적으로 점검하고 개선하는 리뉴얼 과정이 반드시 필요하다. 매뉴얼 완성의 끝은 병원의 서비스가 종료되는 시점이 오지 않는 이상 계속되어야 하는, 끝없이 반복되는 과정이다.

매년 새해가 되면 금연과 다이어트를 목표로 의지를 불태우는 일상의 우리처럼, 사람의 의지력은 무한하지 않기에 대부분 처음에 잘 만들어 둔 매뉴얼을 현장에 적용하고 지속적으로 리뉴얼하기란 쉽지 않은 것이 사실이니, 직원들의 실행력과 의지력을 높일 수 있는 지속적 모니터링 또한 반드시 필요하다.

시대가 빠르게 변하고 동물병원의 경쟁은 점차 심화되고 있는 지금, 기본에 충실한 사용자 중심 매뉴얼을 만들어 현장의 실행력을 높일 수 있는 지속적 리뉴얼을 통해 효과적이고 안정적인 병원 서비스를 제공할 수 있는 우리 병원만의 강력한 무기를 장착할 때이다

고객의 숨어 있는 욕구, 원츠(wants)를 파악하라

07

■ 태연한 거짓말 속 참말의 의미를 찾아라

"왜 이렇게 비싸요?"

동물병원을 경영하는 원장님이라면, 동물병원에서 근무하는 직원이라면 보호자에게 가장 많이 들었던 말, 가장 많이 고민이 되는 말이다. 나 또한 동물병원CS를 처음 시작했을 때 '도대체 이 문제의 근본적인 원인이 무엇일까?'라는 고민을 수없이 많이 했었고, 답답했던 시간들을 오랫동안 보내왔다. 물론 비싼 비용을 완벽하게 해결할 수 있는 정답은 존재하지 않는다. 우리가 앞으로 집중해야 하는 것은 '비싸다'의 비용에 초점을 맞추는 것이 아닌, 보호자들의 태연한 거짓말 속에 담긴 진짜 의미에 대해서 예측하고 분석하는 것이다. 그럼 동물병원의 해묵은 과제인 '왜 이렇게 비싸요'를 둘러싼 고객의 참말 속 진짜 의미에 대한 해답을 풀어 보자.

과거 고객만족을 위해 이미 드러나 있는 기능적(functional needs) 의미인 니즈가 중요했다면, 지금은 숨겨져 있는 고객의 심리적 욕망(mentalwants)인 원츠에 집중해야 한다.

우리가 고객의 원츠에 집중해야 하는 이유는 심리적 욕망의 충족과 만족이 결국 비용에 대한 한계를 사라지게 하기 때문이다. 고객들은 자신의 욕망을 드러내지 않기 위해, 자신이 좋은 사람으로 보여지기 위해 자연스럽고 태연하게 거짓말을 하기도 한다. 고객의 거짓말에는 고의성이 있는 경우도 있지만 대부분은 스스로 본인이 무엇을 원하고 있는지를 정확하게 알지 못하기에 발생되는 자연스러운 현상이다.

그런데, 태연한 거짓말을 과연 고객들만 하는 걸까? 동물병원CS 컨설팅을 진행시 현재 이슈가 되는 상황에 대한 의견을 나누는 과정에서 대부분 "주치의가 다 이야기 해줬다고 하는데, 데스크 직원이 설명했다고 하는데, 그렇게 말한 적 없다고 하던데…'라며 상황을 판단하곤 한다. 과거 〈개는 훌륭하다〉라는 TV프로그램에서 훈련사가 보호자에게 "하루에 산책을 몇 번 하나요?"라고 물으면 "일주일에 세네 번 정도요"라고 답한다. 그럼 훈련사는 "그럼 실제로 일주일에 한두 번 정도 하겠네요"라며 곧바로 보호자의 거짓말을 파악하여 진짜 답을 유도한다. 이처럼 사람은 누구나 사람과의 관계에서 직접적으로 발생하는 상호작용 속에서 자신의 사회적 체면과 돌아올 불이익 등을 계산하기도 하며, 정서적 불안을 감소시키기 위해 나도 모르는 태연한 거짓말을 하게 된다. 고객도 우리도 사람이라면 누구나 내면의 진실된 원츠를 말하기란 결코 쉽지 않은 것이다.[4]

---

4) '고객 니즈 원츠, 두 가지를 구분해야 한다', 〈(주)성장 Growth Agency(growthmk.com)〉 ※ 참조

환자의 질병을 잘 치료할 것이라고 기대하는 동물병원 고객의 니즈 안에 내포된, '최선을 다해 치료하겠지', '소개받고 왔으니 더 신경 써주겠지', '규모가 크니까 체계적으로 정확하게 검사하고 검진하겠지', '시스템이 잘 갖춰져 있어서 응급상황 발생 시 잘 대처해주겠지', '진료과정에 대해 자세하게 설명해주겠지', '미리 연락해주겠지' 등의 숨어 있고 찾아내기 힘든 매우 주관적인 욕망의 요소인 '원츠(wants)'를 어떻게 제공하느냐에 따라 결국 비용의 만족이 달라진다.

■ 최적가의 병원서비스를 제공하고 있나요?
■ 비용을 상쇄하는 고객의 원츠를 예측하라

||||||||||||||||||||||||||||||||||||||||||||||||||||||||||||

동물병원의 주요 진료비 공시제가 2023년 8월 3일 첫 시행되었다. 정부가 수의사 2인 이상 동물병원 1천여 개의 초.재진 진료, 백신비, 입원비, 전혈구 검사비, 엑스레이 검사비 등을 지역별로 모두 공시하는 동물병원 진료비 현황조사 공개 홈페이지(animalclinicfee.or.kr)를 오픈했고 내년부터는 1인 원장 동물병원을 포함한 전국 모든 동물병원으로 조사 대상이 확대된다.

지역별 비용을 비교해 보면(서울/강남구-강북구 비교, 개(소형)) 입원비의 경우 강남구 최고비용 200,000원 평균비용 64,766원 강북구 최고비용 80,000원 평균비용 63,333원, 엑스선 촬영비/판독료의 경우 강남구 최고비용 115,000원 평균비용 40,162원 강북구 최고비용 37,000원 평균비용 28,667원으로 최고비용의 경우 강남구가 강북구에 비해 각각 150%, 211% 증가한 비용이다

물론 공개되는 비용은 100% 신뢰할 수 있는 정확한 정보는 아닐 것이다. 실제 동물병원들의 청구비용 분포를 제대로 반영했는지에 대한 의문이 있기 때문이다. 하지만 병원 진료비가 일부 공개되면서, 소비자들이 직접 지역별 진료비의 평균, 최저, 최고비용을 비교해볼 수 있게 되었다. 즉 현재 내원하고 있는 동물병원의 진료비가 다른 병원에 비해 적당한가를 가늠하고 판단할 객관적 척도가 생긴 것은 분명하다.[5]

　과거에는 가성비(가격대비 성능의 만족)의 서비스를 제공했다면 현재는 가심비(가격대비 마음 즉심리적 만족도)의 서비스를 제공하여 고객의 선택을 받는 시대이다. 시간이 지나면 지날수록 비용에 대한 만족은 고객의 주관적 판단과 기대치에 더욱 편재되고 있다. 특히 동물병원에서 비용을 통해 고객만족을 실현시키기가 더욱 어려워진 것이다. 때론 원장님들께서 걱정되는 마음에 "진료비를 보호자가 원하는 수준으로 낮춰야 하는 걸까요?"라고 묻곤 하신다. 그때마다 나는 "비용에 초점을 두지 마시고 제공하는 서비스에 초점을 두고, 최적(가장 알맞은)가의 서비스인지를 판단해 보세요"라고 답변드린다. 말장난 같이 보이지만 아주 간단히 초점만 바꿔주는 것이다. "진료비가 비싸요"라는 보호자들의 니즈 속 숨어있는 원츠를 찾아보는 것에 초점을 맞추어야 한다는 것이다. 다시 말해, '과연 보호자들이 지불하는 비용에 알맞은 진료, 인적, 시설서비스를 제공해주고 있는가?'를 고민해봐야 한다.

　예를 들어, 안과, 치과, 내과, 외과, MRI 등 대학병원급 모든 파

---

5) '오늘부터 전국 동물병원 진료비 공개···지역별 평균·중간값 비교', 《데일리벳 (dailyvet.co.kr)》 (※ 참조)

트가 협진이 가능한 상위 1% 큰 규모의 동물병원에 A보호자는 입원환자로 200만원을 지불하고 B보호자는 일반진료 환자로 20만원을 지불했다고 가정하자. 지불한 비용에는 진료에 관한 시설, 시스템, 인력 등 모든 비용이 포함되어 있다. 과연 A, B 보호자는 각각 지불한 비용에 알맞은 병원 서비스를 제공받았을까?

사실 모든 동물병원은 내원하는 보호자들에게 동일한 맞이 인사와 대기안내, 진료상담, 수납, 배웅인사의 과정 속 동일한 병원 서비스를 제공한다. 이는 잘못된 것이 절대 아니며, 평준화된 서비스 제공을 위해 꼭 필요한 부분이다. 하지만 고객 개인별 고객만족의 결과를 두고 보면, 결국 지불한 비용에 따른 최적가의 병원서비스가 각각 제공되지 않는다는 것이다.

그럼 우리는 어떻게 비용에 알맞은 최적가의 병원서비스를 제공해야 하는 걸까? 바로 모두에게 제공되는 공통적인 고객접점이 아닌, 겹치지 않는 개인별 추가 접점에서 최적가 서비스 제공에 집중해야 한다. 입원환자에게 추가된 접점인 입원·퇴원 수속 응대 과정, 환자 상태와 사진을 하루 두 번 보호자에게 제공하고, 면회시간, 해피콜 대응 방식의 차이 등을 고려해서 응대해야 한다. 그리고 추가된 접점에서 더 쉽고 자세한 설명, 형식적 사진과 상태 안내가 아닌 환자의 다양한 모습의 사진과 보호자를 안심시킬 수 있는 주치의의 세심한 멘트, 익일 유선상 해피콜을 통해 보호자가 묻기 전 환자상태 체크와 보호자의 추가 궁금증에 대한 질문과 상세한 안내 등 다른 병원에서도 진행되는 과정 속 차별화된 응대를 제공하는 것이 지불한 비용에 알맞은, 그리고 숨어 있는 고객의 욕구를 충족시켜 줄 수 있는 것이다.

결국 "너무 비싸요"라는 표면적 고객의 니즈 안에서 우리가 예측하는 사소하지만 수많은 고객 욕구와 욕망 속 진짜 원하는 원츠를 얼마나 신속하게 파악하는가에 따라 결과가 달라진다. 고객의 진짜 원츠를 찾기 위해 결국 우리는 고객을 만나는 첫 순간부터 마지막까지 모든 과정에서 질문과 고객모니터링을 통해 고객과 라포를 형성하고 성향을 파악해야 하는 것이다.

충족하지 못한 고객의 원츠는 수많은 일회성 고객을 만들고, 우리는 지금도 충성고객을 만들어 줄 수많은 기회들을 흘려보내고 있다. 과연 우리 병원은 고객의 태연한 거짓말 속 참말을 찾아 비용을 상쇄하는 동물병원 서비스의 제공하는 병원이 될 것인가? 여전히 비용에만 초점을 둔 병원으로 남을 것인가? 자, 이제 선택할 시간이다.

고객의 선택을 받고 만족한 고객의 재내원과 입소문을 통해
충성고객을 확보하고 신규고객을 유치하기 위해서는
관점의 변화를 통해 우리가 지금도 하고 있는 예측의
실수를 제거하고 현실 사이에서의 갭을 줄여야만 한다.

Chapter

신규 동물병원 런칭 시
동물병원CS 전략
: JUMP UP

시간이 지날수록 더 깐깐하고 세분화되는
고객들의 니즈와 욕구를 충족시키기 위해서는
예측에서 그치는 것이 아닌,
고객의 입장에서 예측의 관점을 바꾸고,
현실에서 실제 고객의 기대와 불편을 반드시 확인해야 한다.

보호자의 관점에서
보고 듣고 생각하라

01

■ 성공과 실패, 관점의 차이가 완성한다

'이봐, 해보기나 했어?'

현대그룹의 창업주인 정주영 회장이 임직원들에게 늘 강조했던 유명한 말이다. 정주영 회장의 성공 일화 중 유명한 보리싹 이야기를 알고 있는가? 1952년 2월, 미국 아이젠하워 대통령의 한국 방문 일정에 맞춰 부산UN묘지에 잔디를 깔 수 있겠냐고 급히 미군이 요청했고, 나무도 풀도 없는 황량한 겨울이었기에 모두 불가능할 거라 생각했고 입찰에 참여하지 않았다. 하지만 그는 포기하지 않고 오히려 공사비 3배라는 조건을 걸었다. 그리고 낙동강에 푸른 싹을 피우기 시작한 보리밭으로 가서 보리싹을 모두 옮겨 심었다. 그 결과 정말 거짓말처럼 아무것도 없이 황량했던 곳이 푸르게 변한 것이다. 모두가 '푸른 잔디'라는 도구만을 바라보고 포기했을 때 그는 관점을 바꿔 '푸르게 보일 수 있는' 목적에 집중했다. 겨울에도 잔디를 심은 것처럼 어떻게 하면 푸르게 보일 수 있을지에 대한 방법을 찾기 시작했고, 겨울에도 푸르게 심어져 있던 낙동강 보리밭의 보리싹이 떠오를 수 있었던 것이다. 모두가 불가능하다고 포기했지만, 그는 같은 상황을 다른 관점에서 바라보았기에 가능성을 찾아 결국 성공할 수 있었다. 이처럼 같은 상황에서도 그것을 어떻게 바라보고 생각하는가에 따라 우리의 행동은 달라지며, 그로 인해 전혀 다른 결과를 가져온다. 우리가 상황을 바라보는 관점, 고객을 바라보는 관점, 그리고 그 상황 속 나를 바라보는 관점을 어떻게 변화시키는가에 따라 전혀 다른 결과가 펼쳐진다.

하지만 대부분의 사람들은 자신의 경험, 생각, 지식, 자신이 바라보는 관점으로 모든 것을 판단하게 된다. "우물 안 개구리"라는 속담처럼 같은 공간, 같은 사람, 같은 시각이 반복되면 익숙한 관점을 통해 모든 것을 판단하고 행동하고 표현하게 되는 것이다.

■ 예측과 현실 사이

'이 정도면 깔끔한 것 같은데…'
'이 정도면 친절한 것 같아요'
'아마 그 부분 때문에 보호자들이 컴플레인을 많이 하는 것 같아요'

대부분 동물병원에서 발생하는 상황, 관리가 필요한 접점들에 대해 원장님과 직원들 즉 병원의 관점에서 보호자의 생각과 감정 그리고 결과를 예측한다. 물론 예측한다는 것은 미리 헤아려 짐작한다는 뜻으로 서비스를 제공하고 고객만족과 고객 경험을 관리하는 곳이라면 필수적인 과정이다. 하지만 여기엔 아주 중요한 부분이 생략되어 있는데, 바로 예측의 관점을 병원에서 고객으로 바꾸지 않았다는 것이다.

수요가 공급보다 현저히 많았던 과거에는 사실 고객관점의 병원 서비스 관리가 필요 없었다. 고객 또한 비교할 대상의 수가 많지 않기 때문이다. 하지만 공급이 수요를 초과하는 순간 상황은 달라진다. 무수히 많은 치열한 경쟁 속 고객의 선택이 우선시되는 시대인 지금, 더 이상 병원의 관점으로 제공되는 마케팅, 서비스는 고객의 선택을 받지 못한다. 시간이 지날수록 더 깐깐하고 세분화되는 고객들의 니즈와 욕구를 충족시키기 위해서는 예측에서 그치는 것이 아닌, 고객의 입장에서 예측의 관점을 바꾸고, 현실에서 실제 고객의 기대와 불편을 반드시 확인해야 한다. 내가 CS컨설팅을 진행하거나 CS를 도입하고 싶어하는 원장님들께 필수적으로 컴플레인 관리와 고객만족도 조사 두 가지를 사전에 실행하길 권유하는 이유도 이 때문이다. 실제 고객만족도조사를 한 번도 진행하지 않았던 병원에 진행 후 결과리포트를 전달해 드리면, 대부분 '생각지도 못한 부분들에 대해 보호자들이 불만을 가지고, 불편해하고 있었구나…; 우리가 잘못 생각하고 있었구나'라며 원장님과 직원들이 예측한 결과와 현실의 갭의 차이에 이마를 '탁!' 치는 듯한 놀라움을 전하기도 한다.

내가 전달하고 싶은 것은 원장님과 직원들의 생각이 잘못되었다는 것이 아니다. 항상 같은 공간에서 같은 일을 반복하게 되면 인간은 적응의 동물이기에 누구나 공간과 상황에 익숙하게 되어 객관적 시선으로 바라볼 수 없게 된다. 이렇듯 시간이 지날수록 점점 고정되어 가는 병원의 관점에서 벗어나 실제 고객의 관점으로 변화시켜 바라볼 수 있게 해주는 도구가 주기적으로 반드시 필요하다는 것이다. 고객의 선택을 받고 만족한 고객의 재내원과 입소문을 통해 충성고객을 확보하고 신규고객을 유치하기 위해서는 관점의 변화를 통해 우리가 지금도 하고 있는 예측의 실수를 제거하고 현실 사이에서의 갭을 줄여야만 가능한 결과이다.

■ 어떻게 바꿀까 vs 왜 바꿔야 할까

역지사지 : 처지를 바꾸어서 생각하여 봄

"입장 바꿔 생각해보세요"

수많은 서비스 현장에서 가장 많이 하는 말이다. 말은 쉽지만 실천하기란 정말 어렵다. "고객의 입장에서 생각해보세요, 내가 고객이라고 상상해보세요"라는 말은 사실 현실적으로 와닿지 않는다. 병원에 근무하는 직원들이 병원의 입장에서 각각의 상황을 판단하고 예측하고 해결하려는 것은 어쩌면 너무나 자연스러운 현상이기에 직원들이 온전히 고객의 입장이 되어 생각한다는 건 결코 쉽지 않다.

하지만 쉽지 않은 관점의 변화의 실천을 쉽게 해주는 방법이 있다. 바로 관점의 변화에 대한 나의 관점을 먼저 변화시키는 것이다. 무슨 말장난인가 싶겠지만, 우리는 보통 관점의 변화를 이야기할 때 주로 어떻게 바꿔볼 수 있는지에 대한 '방법'을 먼저 생각한다. **하지만 그보다 먼저 선행되어야 하는 건 우리가 관점을 왜 바꿔야 하는지 '이유'에 대한 명확한 정의를 내리는 것이다.** 동물병원에도 일명 진상이라고 일컫는 블랙 컨슈머가 존재한다.

"병원 오픈할 때부터 지금까지 내가 이 병원에 지불한 돈이 얼만데…;원장

나오라고 해라"

"1,2만원도 아니고 몇십만 원이 넘는 진료비 받으면서 이렇게 불친절하게 응대하는 게 말이 되냐?"

"나는 그런 말 들은 적 없다. 아무런 말도 없이 이렇게 추가 검사했으니 비용 다 지불 못하겠다."

이런 보호자들의 요구와 상황에도 관점의 변화를 통해 이들을 이해하고 응대해야 할까? 아마 불합리하다고 생각될 것이다. 이런 고객에게 그럴 필요성을 느끼지 못했기 때문이다. 그럼 조금 생각을 전환해, 관점을 왜 바꿔야 하는지에 초점을 맞춰보자.

우리가 동물병원에서 발생하는 모든 상황들을 병원의 관점이 아닌 고객의 관점으로 보고, 듣고, 생각해야 하는 이유가 무엇인가? 친절하게 보이기 위해서? 더 나은 병원서비스를 전달하기 위해서? 경쟁병원보다 차별화된 서비스를 제공하기 위해서? 물론 다 맞는 이야기지만, 관점의 변화가 중요하고 필요한 궁극적 목표이자 이유는 바로 '나 자신을 위해서'이다.

동물병원 현장에서는 매일 불특정 다수의 다양한 성향의 보호자들이 내원하며 현장에서는 월 평균 많게는 10건 이상 고객과의 마찰 상황이 발생된다. 그럼 우리가 더 나은 병원서비스를 제공하게 되면 고객과의 마찰의 상황을 없앨 수 있을까? 그건 불가능하다. 불가피한 마찰의 상황을 직접 처리해야 하는 직원의 입장에서 가장 좋은 건 이 상황이 악화되지 않고 빠르게 해결되어 종료되는 것이다. 즉, 상황이 종료되어야 마찰 상황에서 빨리 빠져나올 수 있고, 마찰의 시간을 줄여야 스스로 감정이 다치는 시간을 감소시킬 수 있다.

결국 고객관점에서 동물병원CS를 바라보는 것은, 궁극적으로 고객을 위한 것이 아닌, 직원과 원장님, 더 나아가 병원 전체를 위한 것이다.

"피할 수 없으면 즐겨라, 즐길 수 없다면 피하라."

관점의 변화는 피할 수 없는 고객과의 무수히 많은 상황 속 역지사지의 마음으로 고객을 온전히 이해하고, 이해할 수 없는 상황이라면 스스로를 위해 피할 수 있는 가장 현명한 방법이다.

우리가 고객을 온전히 이해한다는 것은 결코 쉬운 일이 아니며 시시각각 변화하는 고객의 다양한 성향을 모두 만족시키는 것은 불가능하다. 하지만 지금 이 순간 우리에게 가장 필요한 자세와 태도는 숲을 보는 넓은 시야를 가지고 우리 병원의 모든 것을 고객 중심의 관점으로 바라보며, 좀 더 현명한 해결책을 쉽게 찾을 수 있는 관점의 변화라는 점이다.

관점의 변화는 더 이상 선택이 아닌 필수이다. 기존 방식에 대한 고정관념을 버리고 새로운 환경과 변화에 대한 개방적인 생각과 넓은 시야, 관점의 변화가 반드시 필요하다. 반려동물 산업의 성장과 동물병원의 치열한 경쟁 속 변화와 성장의 흐름에 적응하지 않는 것은 업데이트 하지 않은 내비게이션에 의존해 좀 더 신속하고 안전하게 갈수 있는 새로운 길을 찾지 못하고 시간이 많이 걸리는 익숙한 길로 돌고 돌아 에너지를 허비하면서 목적지에 도착하는 것과 같다.[1]

---

1) '공급자 관점 vs 고객 관점'(brunch.co.kr) ※참조

인테리어의 핵심은
심리스 서비스를 제공하는 것

02

■ 성공하는 병원은 인테리어부터 다르다

동물병원 시장과 환경이 급격히 성장하고 변화하고 있는 지금,
성공하는 동물병원이 되기 위해서는 병원 공간에도 보호자와 환
자를 만족시킬 수 있는 경험적 요소를 구성하는 것이 필요하다. 과
거에는 병원 시설에 대한 중요도가 그리 높지 않았지만, 사람 병원
에서는 이미 오래전부터 인테리어 디자인에 많은 투자를 하고 다
양한 변화를 시도했다. 병원이란 곳이 지니는 차갑고 딱딱한 느낌
은 최대한 덜어내고, 환자가 집처럼 편안하고 따뜻한 느낌을 받을
수 있는 분위기를 조성하는 것이 중요한 과제로 떠올랐고, 이러한
변화는 성공하는 병원이 갖추어야 할 필수 조건으로 자리잡게 되
었다.

환자 중심의 공간 구성과 이동 동선을 계획하고, 치유를 도와주

는 자연 친화적 공간 연출, 진료와 문화 공간의 조화와 친환경 자재 사용 등의 병원 인테리어의 변화로 고객선택과 고객만족의 결과를 위해 꾸준히 노력하고 있다. 과거 다소 폐쇄적이고 권위적인 의료산업의 분위기에서 탈피하여 고객과 서비스 지향적인 개방성을 통해 고객만족이 이루어지고 지속적 재내원과 긍정적 구전효과로 충성고객을 확보하고 병원의 좋은 이미지를 각인시켜 결국 매출 증대로 이어질 수 있기 때문이다.[2]

피부과나 성형외과 외에도 잘나가는 병원들의 공간을 자세히 들여다보면, 깔끔한 공간 속 아늑하고 따뜻한 느낌을 받을 수 있게 파스텔 톤과 폭신한 촉감의 소품과 가구를 사용하여 편안한 휴식을 제공하고, 주백색의 조명과 마음을 차분하게 가라앉혀주는 잔잔한 음악이 흘러나온다. 이제 병원은 진료만 제공하는 치료의 일차원적 목적이 아닌, 진료서비스라는 통합적 개념을 통해 환자와 보호자에게 **치료**와 **치유**를 동시에 전달할 수 있어야 한다.

■ 심리스 서비스, 끊김 없이 병원을 경험하게 하다

'심리스(Seamless)'라는 말을 들어본 적 있는가? 심리스(Seamless)란, (중간에 끊어짐이 없이) 아주 매끄러운 상태를 의미한다. (네이버 어학사전) 실제 의류회사에서 봉제선 없이 매끈하고 겉으로 드러나지 않는 옷에 심리스라는 단어를 사용하고, 최근 경영 전략, 마케팅, 조직관리 등 경영 전반에 걸쳐 자주 언급되는 단어이다. 《트렌드코리아 2021》에서는 고객 경험(CX-Customer eXperience)을 언급하

---

2) '성공하는 병원 디자인부터 다르다', 《의협신문(doctorsnews.co.kr)》 ※참조

며, 소비자는 모든 서비스 접점에서 끊김과 번거로움이 없는 '매끈한' 고객 경험을 원한다고 강조했다.[3] 이는 서비스의 네 가지 특징 중 '비분리성(생산과 소비가 동시에 일어나며 고객이 생산과정에 참여해 상호작용)'과 연관된다. 서비스를 제공받는 고객의 입장에서는 모든 서비스 접점이 분리되지 않고 연결되어 있으며, 이 서비스 접점에서 잠깐의 끊김은 고객에게 유쾌하지 않은 경험으로 인식되어 결국 고객 불만족을 야기시킨다.

"여기 화장실이 어디에요?"

"주차했는데 어디로 가야돼요?"

"3번 진료실이 어딘가요?"

동물병원 공간의 경험 과정 중 가장 큰 불만족 요소는 '**불편함**'과 '**복잡함**'이다. 물론 병원뿐 아니라 서비스를 제공하는 모든 업종이 그렇겠지만, 특히 동물병원은 환자가 스스로 찾아오고, 말하고, 들을 수 없어 항상 보호자가 동반되어 내원하기 때문에 불편하고 복잡한 경험이 비교적 더 크게 다가올 수밖에 없다. 이건 어린이병원(소아과)를 생각하면 이해하기 쉽다.

동물병원의 고객 경험 사이클 중 고객이 내원 후 경험하는 서비스 접점은 평균 14개로 '① 병원 검색 ⋯ ② 전화문의 ⋯ ③ 주차 ⋯ ④ 맞이(방문) ⋯ ⑤ 접수 ⋯ ⑥ 대기 ⋯ ⑦ 편의 시설 이용 ⋯ ⑧ 진료 ⋯ ⑨ 대기(처치&검사) ⋯ ⑩ 진료(결과 상담) ⋯ ⑪ 수납, ⑫ 대기

---

3) '젊은 층에게 '끊김'은 쬰⋯온·오프 '매끄럽게' [경영전략노트]', 《매경ECONOMY (mk.co.kr)》 ※참조

(내복약 조제) ⋯ ⑬ 배웅 ⋯ ⑭ 해피콜'의 과정으로 이루어진다. 이 과정에서 끊김 없는 경험을 제공하기 위해 고려해야 할 사항 크게 두 부분으로 나누어 볼 수 있는데, 첫 번째는 온라인과 오프라인을 끊김 없이 연결해 주는 것, 두 번째는 오프라인에서의 서비스 전달 과정을 끊김 없이 전달해 주는 것이다.

온라인과 오프라인의 연결은 마케팅과 연결되어 있는데, 홈페이지, 블로그 등에서 우리 병원이 힘을 실어 강조하고 있는 부분들이 과연 오프라인의 현장에서 변함없이 제공되고 있는지를 확인할 필요가 있다. 예를 들어, 홈페이지나 네이버의 플레이스에서 보여지는 병원의 공간은 청결하고 깔끔한데 막상 오프라인의 실제 공간은 전혀 그렇게 관리되고 있지 않는다면 본격적인 응대 전 고객은 이미 끊어진 서비스를 경험하게 되는 것이다. 이 부분은 4-4장 '고객이 기대하게 만드는 고객서비스'에서 자세히 다루도록 하자.

그럼 두 번째, 오프라인에서의 고객 경험 과정을 둘러보자. 14개의 서비스 접점 중 고객이 직접 병원을 내원하여 경험하는 과정은 '맞이'부터 '배웅'까지 평균 11개이다. 그 중 먼저, 우리 병원의 보호자가 접수데스크에 머무르는 시간은 얼마나 될까? 동물병원 현장 모니터링 시 신규차트 작성 때 대부분 데스크에 서서 작성하길 권하는 모습이 많이 관찰되었는데, 이는 동물병원의 고질적 문제인 '대기시간이 길다'라는 고객 불만족 요소에 부정적 영향을 미칠 수 있다. 고객은 접수 후 자리에 앉기 전까지는 아직 본격적인 병원 서비스를 제공받지 못했다고 생각하기 때문에 데스크에 머무르는 시간이 길어질수록 고객이 느끼는 체감적 대기시간도 늘어나게 된다. 최대한 접수데스크에서 고객이 머무르는 시간을 줄여주는 것이 끊기지 않는, 신속하면서 이어지는 심리스 서비스의 첫 시작될 수 있다.

심리스 서비스 제공을 위한 병원 인테리어의 핵심은 '고객 이동 동선'과 '사전 안내'이다. 접수데스크에서 고객대기실로, 고객대기실에서 편의시설을 이용하는 공간으로, 고객대기실에서 진료실로 이동하는 각각의 동선이 매끄럽게 이어지고, 고객이 기다리거나 이동하는 동안 궁금하거나 필요한 정보들이 시각화되어 잘 비치되어 있어야 미리 인지하여 찾고, 이동할 수 있어 편리함과 만족감을 느낀다. 아무리 좋은 시설, 예쁘고 깔끔한 인테리어로 완성된 큰 규모의 병원일지라도 고객의 관점이 반영되지 않은 공간과 인테리어, 그리고 이동 동선은 매끄럽지 못한 서비스의 연결 과정 속에서 고객에게 의도치 않은 피로감을 전달하여 부정적 이미지로 각인되는 것이다.

신규 개원 예정인 병원들은 이런 부분들을 체크하여 적용해 볼 수 있겠지만, 이미 인테리어가 완성되어 있고, 리모델링이나 확장 이전 계획이 없는 병원은 그럼 어떻게 해야 할까? 바로 끊어져 있는 서비스의 경험과정을 간단명료한 설명과 시각 자료를 통해 보완해주는 '사전 안내'에 주력해야 한다.

예를 들어, 안내문을 비치하더라도 무조건 데스크 앞에 부착하는 것이 아닌, 보호자가 자주 물어보는 공간, 데스크에서 자주 안내하는 곳이 어딘지 등의 내용을 취합하여 어떤 공간이 어떻게 안내되고 있는지 체크해보는 것이 먼저이다. 그리고 어떤 멘트를 사용하여 어떻게 설명하면 좋을지, 그 안내문을 어디에 비치하는 것이 가장 눈에 잘 띄어 보호자의 불편함과 복잡함을 해소시켜 줄 수 있는지 판단해야 한다. 보호자와 소통할 수 있는 기회를 늘리고 자세하게 설명해주는 것이 고객접점 직원들의 주요 업무라고 생각하지만, 끊김 없는 경험이 가능한 인테리어가 구축되어 있는 병원이라면 보호자와의 불필요한 설명은 줄이고 필요한 소통에 더 집중하여 불편감과 복잡함의 해소가 아닌, 만족감과 편리함을 먼저, 그리고 조금 더 손쉽게 제공할 수 있다.

■ 심리스 서비스, 고객과 병원을 이어주다

이제 동물병원 인테리어도 고객지향적 관점을 피해갈 수 없다. 고객이 주로 사용하는 의국 밖 공간은보호자와 환자가 좀 더 편안하고 편리하게 진료서비스를 제공받기 위한 공간으로 구성되어야 하며, 그 중심은 '심리스 서비스', 즉 이어짐에 있다. 병원의 공간은 단순히 진료와 대기를 하는 곳을 넘어 고객과 병원을 이어주는 역할을 한다. 병원의 모든 직원들은 보호자가 보이는 곳(의국 밖), 그리고 보이지 않는 곳(의국 안)에서 발생하는 상황들을 전달하고 전달받으며 보호자와 끊임없이 소통을 이어간다.

보호자와 소통할 수 있는 기회를 늘리고 자세하게 설명해주는 것이 직원들의 주요 업무임은 분명하지만, 소통의 필요성과 중요도 그리고 불필요성을 구분하여 필요에 집중해야 한다. 끊김 없는 경험이 가능한 인테리어로 구성되어 있는 병원의 공간, 공간의 부족함을 시각 자료를 통해 고객이 쉽고 편리하게 찾아볼 수 있도록 미리 안내하고 있는 병원의 인테리어는 직원과 고객의 소통과정에서 불필요한 설명은 줄이고 필요한 설명과 중요한 과정에 더 집중하여 단순히 공간의 불편감과 복잡함의 해소가 아닌, 병원 서비스 전체의 만족감과 편리함을 좀 더 손쉽게 전달할 수 있는 가장 좋은 방법이다.

호기심을 자극하는 6초의 법칙, 첫인상의 힘

03

■호감과 비호감의 한 끗 차이, 시각적 요소가 결정한다

이미지를 이야기할 때 보통 선천적 요소와 후천적 요소의 두 가지로 나누어 말한다. 예컨대, 태어날 때부터 정해져 있는 선천적인 얼굴인 관상과, 우리가 살아온 환경과 상황 등 후천적인 영향을 받아 완성된 얼굴인 인상이 이 두 가지 요소의 대표격이다. 관상은 개인이 선택할 수 없고 스스로의 힘으로 변화시킬 수 없지만, 인상은 개인 스스로가 어떻게 노력하고 관리하느냐에 따라 바뀌고 변화시킬 수 있다는 것이다.

의사소통의 과정에서 우리의 이미지는 시각적인 요소 55%, 청각적인 요소 38%, 언어적인 요소 7%를 통해 결정된다.(메라비안 법칙) 즉 언어적 요소에 비해 비언어적인 요소(시각+청각)가 첫인상의 93%를 차지하며 매우 중요하고 결정적으로 작용한다. 따라서 고객은 우리가 어떤 말을 하는가보다는 어떤 시각적인 요소를 갖추고 어떤 목소리와 말투로 전달하느냐에 따라 좋고 나쁨을 판단한다.

시각은 다른 감각 요소에 비해 인지와 회상(기억)력이 뛰어나다. 다시 말해 시각적 요소는 사람의 태도와 연상작용(인과관계가 없지만 인과관계가 있는 것마냥 어떤 개념들이 연합되는 현상)을 일으키는 데 가장 중요한 요인이 된다. 루이스 체스킨(Louis Cheskin)은 이러한 현상을 감각의 전이(원래 감각에서 다른 감각으로 옮겨서 표현)라고 부르는데, 의사의 가운이 흰색인 이유, 백화점 명품매장의 직원들의 유니폼이 검정색인 이유, 유치원생들의 원복과 통학 차량이 노란색인 이유 등 눈으로 보여지는 시각적인 요소들은 감각적 전이 현상을 통해 전문성, 차분함, 고급스러움, 활발함, 귀여움, 보호본능 등 보이는 것에 대해 감정과 행동으로 상대방을 평가하고 표현한다.[4]

즉 고객에게 호감의 첫인상을 전달하기 위해서는 직원들의 이미지가 전략적으로 관리되어야 하며, 이는 시각적 이미지의 변화와 관리를 통해 강력한 힘을 가지게 되므로 우리는 시각적 요소를 활용한 감각의 전이현상을 서비스 접점에서 고객이 경험할 수 있게 해야 한다.

■ 되돌릴 수 없는 6초의 시간, 모든 것을 결정한다

첫 인상이 형성되는 시간, 과연 얼마나 걸릴까? 대부분 짧으면 5분에서 길면 30분 정도라고 답을 하는데, 실제로는 빠르면 0.1초에서

---

4) '브랜드의 시각화… IT기업과 CI (2) 〈시각 아이덴티티의 정의〉, 《DATA ON-AIR (dataonair.or.kr)》 ※ 참조

평균 6초의 시간만에 첫 인상이 형성된다고 한다. 아메리카노 한 잔을 만드는 시간이 평균 1분 남짓 되는 것을 생각해보면 커피 한 잔이 완성되기도 전에 우리의 첫인상이 결정된다고 하니 정말 놀랍지 않은가?

이렇게 짧은 시간에 좋은 첫인상이 완성된다면 아무 문제가 없겠지만, 반대로 좋지 않은 첫인상을 전달하게 될 경우 그것을 바꿔야 하는데, 한번 형성된 좋지 않은 첫인상을 바꾸기 위해서는 얼마의 시간이 필요할까? 놀랍게도 좋지 않은 첫인상을 좋게 되돌리기 위해서는 무려 동일한 대상과 60번 이상의 만남을 지속적으로 반복해야 가능하다고 한다. 같이 살고 있는 가족과 지인이 아닌 이상 대부분 불가능하며, 특히 우리가 동물병원에 내원하는 동일한 보호자를 지속적으로 60번 이상 계속해서 만날 수 있는 경우는 거의 제로에 가까우니 반드시 첫 만남에 좋은 첫인상을 전달해야 하는 것이 분명하다. 이는 아주 짧은 순간 완성된 첫인상은 오랫동안 상대방의 뇌리에 남아 그 사람을 판단하고 평가하는 중요한 잣대로 활용되기 때문이다.

동물병원은 하루에도 몇 번씩 돌발상황이 발생하고 우리의 고객들은 시간이 지날수록 개인 성향에 맞는 맞춤 응대와 주관적 기준을 잣대로 병원의 모든 서비스를 평가한다. 원장님들이 가장 많이 물어보는 것이 '고객의 요구사항, 어디까지 들어줘야 하는 걸까요?'라는 것인데, 이에 대한 해답 대신 거슬러 올라가 질문해본다.

고객과의 첫 만남, 우리 병원의 첫인상은 과연 좋은 프레임이 씌워져 있을까요? 좋은 첫인상은 동물병원의 서비스 과정에서 발생할 수 있는 돌발적 이슈의 상황을 좀 더 부드럽게 해결하고 이해의 폭을 넓혀주는 역할을 한다. 깔끔한 헤어스타일, 편안하고 환한 미소, 하얀

가운과 스크럽을 단정하게 차려 입고, 부드러운 목소리로 진료 상담의 과정에서 중간중간 눈을 맞춰 공감적 경청의 보디랭귀지를 사용하며 이야기를 하는 수의사와 직원들에게 억지를 부리고 무리한 요구를 하는 고객이 과연 몇 명이나 될까?

■ 내면을 비추는 거울, 용모복장을 통해
■ 전문성을 전달하라

IIIIIIIIIIIIIIIIIIIIIIIIIIIIIIIIIIIIIIIIIIIIIIIIIIIIIIIIIIIIIIIIIIIIIIIIII

> "용모와 복장이 잘 갖추어진 사람은 그 사람의 내면을 보려고 하지만, 용모와 복장이 잘 갖추어지지 않은 사람은 자꾸만 그 사람의 외모만 보려고 한다"
>
> – 코코 샤넬

우리는 대부분 외모지상주의를 비판하며 "외면이 뭐가 중요해, 내면이 꽉 찬 사람이 정말 멋진 사람인 거야"라고 말한다. 물론 틀린 말이 아니다. 실제 호감의 이미지를 완성하기 위해 비싼 명품과 비싼 화장품, 비싼 신발 등을 화려하게 치장하는 것은 전혀 중요하지 않기 때문이다. 중요한 것은 T.P.O에 맞게 자신의 용모복장을 변화시켜 나의 내면을 외면의 거울을 통해 보여주는 것이다.

여기서 말하는 T.P.O란, **시간(Time), 장소(Place), 상황(Occasion)**의 세 가지를 말한다. 즉, 동물병원을 경영하는 원장님이라면 진료를 보는 원장으로서의 옷차림과 공식적 미팅 자리에서의 옷차림, 지인과 가족 등 자유롭고 편한 일상 생활에서의 옷차림이 달라야 한다는 것이다. 이는 동물병원에서 근무하는 모든 파트의 직원들도 해당된다. 고객응대를 총괄하는 매니저팀이라면 동물병원 매니저로서의 용모복장은 일상생활의 개인과는 당연히 달라야 하는 것이다.

그럼 실제 동물병원에서는 용모복장의 T.P.O가 과연 잘 지켜지고 있을까? 동물병원이라는 특수성을 고려하여 우리가 지켜야 할 이미지의 세 가지 요소는 다음과 같다.

- 수의사, 매니저, 테크니션 등 파트별로서 갖추어야 하는 **전문성**
- 단정하고 통일된 용모복장으로 갖추는 **깔끔함**
- 아픈 환자와 지친 보호자에게 작은 쉼을 전달하는 **편안함**

이 세 가지 요소를 갖추기 위해 가장 먼저 점검되어야 하는 건 바로 직원들의 용모복장이다. 내가 동물병원CS를 처음 시작했던 병원의 예를 들어 보자.

A동물병원의 경우 용모복장 점검 결과 간단한 가이드가 있었지만 잘 지켜지지 않았고, 현장의 직원들의 모습에서 깔끔하고 전문적이고 편안한 모습을 찾아볼 수 없었다. 그래서 가장 먼저 용모복장 매뉴얼을 만들어 명확한 기준에 맞춰 직원들을 변화시키기 위해 먼저 매니저팀 유니폼 변경을 결정했다. 유니폼을 선정하는 기준은 명확했다.

- **첫째**, 고객 전문가로서의 이미지로 비칠 것.
- **둘째**, 병원의 CI컬러에서 벗어나지 않고, 만약 CI컬러가 없다면 인테리어와 조화롭게 어우러질 수 있을 것.

- **셋째**, 고객의 시선에서 부드럽고 편안하고 안정된 느낌을 주는 컬러감을 선택할 것.

유니폼 변경 과정에서 대부분의 직원들은 '관리하기 힘들 것 같아요, 뚱뚱해 보일 것 같아요, 움직일 때 불편할 것 같아요, 동물병원 특성상 털이 많이 묻어서 빨리 더러워질 것 같아요' 등의 부정적 의견들을 표출했지만, 반드시 필요한 과정이었기에 강하게 추진했고, 그 결과는 대성공이었다. 어떠한 부가 설명 없이 아래 변경 전/후 사진을 보면 아마도 모두 고개가 끄덕여질 것이다.

변경 전

변경 후

군인이 적군으로부터 생존성을 높이기 위해 위장이 가능한 군복을 입는 것처럼, 유니폼을 입는다는 것은 불특정 다수의 고객을 응대하는 직원이 고객과의 첫 만남에서 최대한 신속하게 전문성을 전달하여 신뢰감을 높여 이후 발생할 수 있는 많은 변수의 상황에서 스스로를 보호할 수 있는 방어막이 되어 줄 수 있다. 유니폼 변경과 함께 헤어스타일, 네일 아트, 탈색, 타투 등 보여지는 시각적 이미지의 기준을 세워 용모복장 매뉴얼을 만들고 교육과 개선·보완의 과정을 거쳤고, 6개월 이후 직원서비스의 만족도는 4.1점에서 4.7점으로 무려 0.6점 높아졌으니 이미지가 주는 강력한 힘은 이제 두말하면 입 아프지 않겠는가?

우리가 생각하는 것보다 시각적인 이미지가 갖는 힘은 너무나 강력하다. 고객에게 좋은 병원의 이미지를 전달하기 위해서는 고객을 만나는 모든 직원들의 이미지가 잘 갖춰져 있어야 하며, 결국 직원들의 이미지가 모여 병원의 이미지를 결정 짓는다.

현재 우리 병원, 그리고 원장님과 모든 직원들의 내면은 어떤 이미지로 비춰지고 있는가? 지금 바로 내면을 비추는 거울인 외면을 통해 점검해보자. 그리고 기억하자.

> **"첫인상은 누구도 두 번 줄 수 없다. 그러나 첫인상의 위력은 의외로 막강하다"**
>
> – 주디 갈런드

고객이 기대하게 만드는
고객서비스

04

■ 만족을 결정하는 고객 기대

고객만족은 기대(expectation)와 매우 밀접한 관련이 있다. 기대보다는 실제 서비스를 이용하는 순간이 훨씬 중요하다고 생각하지만, 여행을 떠올려보면 가장 설레고 행복한 순간은 바로 출발하기 전, 여행을 간다는 설렘을 느낄 때이다. 막상 여행을 가면 피곤하기도 하고 짜증나는 순간도 있지만 출발 전 순간에는 행복과 설렘이라는 기대와 맞닿아 있다. 실제로 한 실험에서 피실험자들에게 게임에서 이길 수 있다는 기대를 갖게 하자 행복감과 관련한 뇌의 영역이 매우 활성화되었다. 그러나 게임에서 이긴 후 실제 보상을 얻었을 때는 해당 영역이 그다지 활성화되지 않았다. 뭔가 얻을 수 있다는 기대를 가졌을 때가 실제 얻었을 때보다 훨씬 더 만족과 행복감을 준다는 것이 과학적으로도 입증이 된 셈이다.

실제 기업에서도 제품의 효용에 신경을 쓰지만 이에 못지 않게 고객의 기대에도 큰 관심을 가진다. 명품 브랜드, 프리미엄 자동차 브랜드, 애플과 같은 선도적 기업들은 고객들에게 특정 제품을 가지면 자긍심, 행복, 만족감, 기쁨 등을 느낄 수 있다는 기대감을 형성하는 것에 집중하며 이를 중요하게 여긴다.[5]

그렇다면, 무조건 기대를 많이 하는 것이 좋은 걸까? 기대는 흥미를 유발하고 고객을 유입시키는 중요한 역할을 하지만, 오히려 무리한 기대감은 불만족을 야기하는 역할을 하기도 한다. "기대가 크면 실망도 크다"라는 말처럼, 실제 우리가 제공 가능한 서비스가 고객의 기대치에 못 미치게 될 경우 고객은 실망하게 되고, 실망한 고객은 망설임 없이 다른 곳을 찾아가게 되므로 실망을 다시 기대로 되돌리는 것은 결코 쉽지 않다. 그렇기에 고객이 무작정 많은 기대를 하게 하는 것이 아닌, 올바르고 적절한 기대를 하게 하는 방법을 충분히 고민해야 하며, 고객 기대를 현실화시켜 만족감을 전달하는 것이 우리가 집중해야 하는 궁극적인 목적이다.

■ 고객이 만족하는 욕구와 기대치를 찾아라

고객만족은 결국 서비스에 대한 고객의 기대치와 서비스 제공 이후 성과의 차이에 의해 결정된다. 고객이 기대하는 서비스 수준이 기대 이상이면 고객은 만족하고, 기대치보다 떨어지는 서비스 성과가 나타나면 고객은 만족하지 않는다. 즉, 서비스의 기대와 성과의 인식 사이에 불일치 정도가 고객의 만족과 불만족을 결정짓

---

5) '기대 관리와 고객 가치(경영일반)', 《DBR (donga.com)》 (※ 참조)

는 중요한 변수로 작용한다. 고객이 기대하는 서비스를 제공하기 위해 먼저 고려되어야 하는 것이 고객이 만족할 수 있는 욕구와 기대치를 찾는 것이다.

고객이 기대하는 서비스의 욕구는 **희망 서비스, 최저 서비스, 허용영역,** 이렇게 세 가지로 나뉜다. 각 요소별 개념과 동물병원에서는 어떤 부분이 해당되는지 알아보자.

희망 서비스(Desired service) : 고객이 받기를 바라고 받아야만 한다고 생각하는 서비스로 개인적 욕구와 기대치의 정도에 따라 영향을 받는다. 동물병원이라면 반려동물의 질병을 치료할 수 있는 진료서비스를 제공하는 수의사의 전문성, 접수와 수납까지의 올바른 절차이행, 예약한 시간에 대기 시간 없이 정확한 시간에 진료를 받는 것, 지불한 비용과 처치, 검사과정에서의 기본 설명 등이 해당된다.

최저 서비스(Adequate service) : 고객이 불만도 만족도 없이 최소한의 범위에서 허용 가능하여 수용할 수 있는 최저 상태의 서비스로, 개인별 내원욕구와 예상 서비스의 수준에 따라 기대 정도가 달라진다. 동물병원에 내원한 보호자 중 일반 접종환자는 다양한 병원서비스를 제공받고 싶은 내원욕구를 주로 가진 반면, 중증환자, 응급환자는 질병치료의 목적이 내원욕구의 대부분을 차지하므로 최저 서비스의 최소한의 허용범위가 달라진다. 또한 병원의 홈페이지나 블로그에 홍보되어 있는 최신장비와 전문성, 좋은 이미지와 내용들을 본 보호자들은 해당 병원에 기대하는 기대치가 높아지게 된다.

허용구간(Zone of tolerance) : 희망서비스와 최저서비스 수준 사이의 영역. 이 영역의 갭은 실상 서비스의 실패가 잘 드러나지 않는 미발각 지대라고도 이야기한다. 이 부분이 커지면 커질수록 고객의 만족은 감소하여 결국 불만족을 느끼게 되며, 갭이 줄어들거나 희망서비스 이상이라 느낄 때 고객은 만족하고 더 나아가 감동하게 된다.[6]

그럼 동물병원에 내원하는 보호자들은 어떤 욕구와 기대를 가지고 있을까? 실제 현장에서 근무하는 직원들과 면담을 하고 원장님들과 미팅을 진행하면 보호자에게 어디서부터 어디까지 맞춰줘야 할지, 정확하게 무엇을 원하는지 잘 모르겠다는 이야기를 종종 듣곤 한다. 사실 아직까지는 동물병원 보호자들은 많은 것들을 바라고 원하지 않는다. 병원이라는 특수성과 동물병원 간의 차별화된 병원서비스의 차이가 뚜렷하게 나타나거나 경험할 기회가 많이 없기 때문이다.

그 동안 동물병원CS 관련 업무를 진행하며 다양한 고객 의견과 만족도 조사를 통해 취합한 결과를 취합해 보면, 동물병원에 기대하는 보호자의 욕구는 반려동물 질병 치료에 대한 수의사의 **전문성, 쉽고 구체적인 설명, 비용과 대기시간에 대한 사전안내** 이렇게 3가지로 정리할 수 있다. 이를 충족시키기 위해서는 병원이 고정적으로 갖추고 있는 병원 시설, 진료 장비, 의료진의 약력 등의 하드 스킬(Hard skills)을 넘어 커뮤니케이션, 유연성, 문제해결 능력 등 사람과의 관계의 기술인 소프트 스킬(Soft skill)에 집중해야 한다.

---

6) '고객은 무엇을 요구하고 기대하는가!', ⟨m-economynews.com⟩ (※ 참조)

소프트 스킬의 활용은 환자 상태와 진료과정에 대한 구체적이고 쉬운 설명, 발생 가능한 대기시간에 대한 수치화된 사전 안내와 양해, 지불한 비용에 대한 상세한 설명 등을 통해 동물병원에 대한 고객의 기대 욕구를 충족시켜 허용구간의 갭 차이를 줄여 나갈 수 있는 가장 좋은 방법이다. 또한 희망서비스 이상을 제공하여 고객만족과 감동을 전달하고 우리 병원이 가지고 있는 하드 스킬의 장점을 더욱 부각시켜주는 역할을 하는 중요한 요소로 작용한다.

■ 합리적 기대, 고객의 예측을 현실과 일치시켜라

기대는 다가오지 않는 미래에 대한 예측과 같다. 고객은 기대를 위해 많은 정보를 수집하고 분석하기도 한다. 동물병원을 처음 선택할 때, 선택한 병원을 검색하고 정보를 수집하고 먼저 내원했던 다른 고객들의 리뷰를 찾아보는 것도 자신의 기대와 예측에 대한 충족을 위해서다. 고객의 기대와 판단은 다소 주관적이지만 고객이 합리적 기대를 하게 만드는 것은 오로지 병원의 몫이다. 현재 제공되는 병원의 정보를 통해 고객은 병원에 대한 기대와 예측을 결정하기 때문이다. 즉, 공격적 마케팅이 실행되기 전 반드시 우리 병원이 현재 갖추고 있는 **하드웨어, 소프트웨어, 휴먼웨어** 세 가지의 정확한 수준을 파악하여 고객이 실제 내원했을 때 제공되는 병원서비스의 경험을 통해 고객의 기대와 예측이 실제로 일치될 수 있는 정보들을 제공해야 한다.

동물병원에 내원 전 고객이 미리 보게 되는 홈페이지, 네이버 플레이스, 블로그, 인스타그램 등에 깔끔하고 깨끗한 병원 공간의 사진들, 직원들의 친절함이 강조된 문구, 다양한 마케팅을 통해 긍정적으로 작성된 리뷰들, 환자 중심의 병원임을 강조하는 마케팅에 대한 정보가 제공되고 있는가? 그럼 지금 우리 병원의 현재 모습을 냉정하게 관찰해 보자. 관찰방법은 5-2장에서 다루게 된다.

  고객이 무조건 많은 기대를 하게 만드는 것보다, 고객의 기대와 예측이 실제 제공되는 병원서비스와 일치하는 경험을 통해 우리 병원의 합리적 기대를 쌓아가며 기대의 적응을 서서히 키워 긍정적 병원의 이미지를 고객의 머릿속에 각인시키는 것, 그것이 고객이 기대하는 서비스를 제공하는 첫 번째 목표임을 기억하자.

직원을 스스로 움직이게 만드는 매뉴얼 시스템

05

■ 진짜 바쁨과 가짜 바쁨의 사이에서

"너무 바빠요, 시간이 없어요, 인원이 부족해요."

동물병원에서 새로운 업무를 추진하려고 시작할 때 가장 많이 듣는 이야기다. 4년 전 처음 동물병원CS를 시작했을 때, 현장을 잘 몰랐던 나는 '동물병원은 정말 다른 곳과는 다르게 화장실 갈 시간도, 밥 먹을 시간도 없이 바쁘고 직원이 항상 부족해서 모두가 일당백을 하고 있는 것이 아닐까?'라는 생각을 한 적도 있었지만, 4년이 지난 지금, 동물병원 또한 여느 현장과 다르지 않다는 것을 자신 있게 말할 수 있다.

대부분의 회사는 직원의 90%는 수동적이며 나머지 능동적인 10%가 회사를 움직이며 성장시켜 나간다. 동물병원의 현장이 항상 바쁘고, 항상 인원이 부족한 진짜 이유는 여느 회사와 마찬가지로 능동적인 10%의 직원이 대부분의 일을 다 하기 때문이다. 원장님들과의 미팅에서 대부분, "우리 병원 직원들은 다 바쁘고 힘들다고 해요…"라며 고민을 털어놓으시곤 한다. 이는 실제 대한민국 직장인 중 "우리 회사는 바쁘지 않아요"라고 말하는 사람이 있을까를 생각해보면 쉽게 답이 나오는데, 사실 진짜 인원이 부족하고 바쁜 현장에 가보면 바쁘다는 말을 할 잠깐의 여유와 시간조차 없다. 그리고 대부분 내가 받고 있는 월급에 비례하지 않는 일을 한다는 생각이 들면서도 계속 회사를 다니는 직원은 거의 없다.

병원의 모든 직원이 능동적으로 알아서 일을 찾아서 센스있게 진행하는 '일잘러(일을 잘하는 사람을 뜻하는 신조어)'라면 지금 원장님들의 고민의 절반 이상이 사라지고 너무 좋겠지만, 현실적으로 불가능하다. 동물병원을 경영하는 원장님이라면 누구나 한 번쯤 직원에게 지시한 업무의 결과를 보고 다소 엉뚱하고 황당한 일처리에 당황스러움과 답답함을 느껴본 적이 있을 것이다.

'뭐가 문제일까?'라는 생각에 지시와 지적의 일방적 소통에서 제안과 제시의 쌍방형 소통으로 바꿔 보기도 하고, 야식과 간식을 사주며 맛있는 음식으로 업무를 먹음직스럽게 포장하기도 한다. 하지만 원장님들이 직원에게 업무를 지시하며 하는 가장 큰 착각은, 맛있는 간식과 야식을 사주는 빈도수에 비례하여 직원들의 힘든 업무 강도와 추가되는 업무량에 대한 불만이 줄어들 거라는 생각이다. 맛있는 음식은 먹는 동안 직원의 입을 즐겁게 하지만, 결코 직원의 업무성과와 만족도를 높이지는 못한다. 맛있는 음식을 먹은 만큼 우리의 직원들이 일잘러가 된다면 세상 모든 회사의 경영진의 고민이 사라지지 않을까?

동물병원 현장에서 지금 필요한 것은 비현실적으로 타고난 일잘러가 아닌, 90%의 수동적 직원의 '가짜 바쁨'을 제거하고, 10%의 능동적 직원의 '진짜 바쁨'을 나누어 그들이 능동적으로 움직일 수 있게 업무를 배분하는 것이다. 이렇게 꼭 해야 하는 업무를 정확하게 전달하고 능동적으로 움직이게 만드는 건 더 이상 원장님의 입이 아닌, 실행력을 높이도록 구축된 업무 매뉴얼의 역할이다.

■ 개인의 기준이 아닌 공통의 기준으로

이런 직원, 어떻게 해야 하나?
- 보호자가 내원해도 일어나서 인사조차 하지 않는 직원
- 고객대기실이 지저분하고 정리가 잘 되어있지 않아도 자기 할 일만 하는 직원
- 보호자의 감정을 고려하지 않고 형식적인 진료만 보려는 직원

원장님들과 개별 미팅을 진행하면 직원들의 행동과 고객응대에 대한 역량 부족으로 많은 고민들을 토로한다. 그리고 "이사님, 도대체 어떻게 해야 바꿀 수 있을까요? 교육을 하면 바뀌나요?"라고 묻는다. 여기에 대한 나의 대답은 조금 단호하지만 "아니요, 사람은 절대 바뀌지 않습니다. 대신 특정 상황에 대한 행동양식은 변화시킬 수 있어

요."라고 이야기한다. 그리고 행동양식의 변화에 반드시 필요한 것이 바로 업무 매뉴얼이라고 전달해 드린다.

지금까지 약 70개의 동물병원 현장을 모니터링 했는데, 그 결과 몇 가지 공통점이 존재한다. 모니터링 후의 결과에서 병원 내 시설의 청결상태와 접점 직원들의 고객응대가 평균 이상으로 양호하게 진행되는 병원을 보면 완벽하게 체계적이진 않더라도 나름 병원마다의 기본 매뉴얼이 어느 정도 구축되어 있다는 것이다. 매뉴얼이라고 하기엔 다소 미흡한 경우도 있겠지만, 우리가 집중해서 기억해야 할 중요한 공통점은 직원들이 각각의 개인의 기준으로 업무를 진행하는 것이 아닌, 병원에서 정해진 공통의 기준으로 업무를 진행하고 체크하고 관리한다는 것이다. 특히 시설의 청결상태의 경우 보통 이상인 병원은 필수적으로 매니저팀의 오픈마감 체크리스트로 데일리 체크를 하고 있었고, 그렇지 않은 병원과의 시설 청결상태와 관리의 차이가 꽤 크다는 것을 확인할 수 있었다.

흔히 매뉴얼이 각 팀의 업무를 정리해두는 정도라고 생각할 수도 있지만, 매뉴얼은 말하지 않아도 다수의 직원을 허용된 공통의 틀 안에서 자유와 책임을 동시에 가지고 능동적인 직원은 효율적으로, 수동적인 직원은 능동적으로 움직이게 하는 신기하고 강력한 힘을 가지고 있다. 물론 이건 매뉴얼이 직원 스스로를 잘 움직이게 효율적으로 만들어졌을 때의 이야기이다.

그럼 실행력을 높이는 매뉴얼, 어떻게 만들어야 할까?

■ 능동적인 직원을 만드는 W.H.Y법칙의 비밀
||||||||||||||||||||||||||||||||||||||||||||||||||||||||||||

사람은 변하지 않는다. 그 누구도 사람을 바꿀 수 없다. 업무 매뉴얼은 수동적인 직원을 능동적인 사람으로 바꿔주는 것이 아닌, 정해진 공통의 틀 안에서 직원들이 능동적으로 움직일 수밖에 없도록 행동양식을 입력해주는 역할을 한다. 직원을 능동적으로 움직이게 만드는 업무 매뉴얼, 그 안에는 세 가지 **W.H.Y(Who, How, thank You)법칙**이 숨어 있다.

먼저, 매뉴얼을 구축하기 전에 반드시 **누가(Who), 어떻게(How)** 할 것인지를 고려해야 한다. 가장 좋은 방법은 각 파트별 필요한 매뉴얼을 셋팅하고 팀별 해당 부분을 진행한 담당자를 정확히 지정하는 것이다. 예를 들어, 매니저팀의 '오픈·마감 리스트'의 매뉴얼을 구축한다고 가정하자. 가장 먼저 뼈대를 세워야 하는 부분이 병원 오픈 시 현재 하고 있는 업무들을 하나도 빠짐없이 나열하고 나열한 목록을 공간별로 묶어주고, 묶어준 부분을 시간별로 다시 나누는 것이다. 그리고 그 부분에 대해 담당자와 업무 체크·실행의 빈도수를 정하고 필요한 경우 보관·폐기 시기, 장소 등 디테일한 부분으로 살을 붙여 나가야 한다. 또 현재 우리 병원의 규모와 직원들의 역량을 파악하여 반드시 실행가능한 부분들로 구축되어야 하며, 구축된 매뉴얼을 병원 운영 시스템의 변화, 직원 이탈, 직원 역량 상승 등을 고려하여 손쉽게 리뉴얼 가능한 도구를 사용해야 한다. 리뉴얼 또한 2주에 한 번/한 달에 한 번/분기별 한 번 등 정해진 시간에 체크할 수 있는 습관을 들일 수 있게 공통 규칙을 만들어 두는 것이 좋다.

이 작업이 어느 정도 잘 다듬어졌다면, 이제 직원들을 움직이게 하는 공통의 명령어를 입력해야 한다. 이번에는 '고객응대 공통 매뉴얼'을 예를 들어 보자. 대부분 고객응대 매뉴얼을 작성하면 응대 멘트만 적는 경우가 많은데, 잘 만들어진 매뉴얼에는 최소한 접점 구분-표준 응대 화법-표준 응대 태도/행동-작업 준수 사항 등이 필수항목으로 작성되어야 한다. 아래에 첨부된 자료를 보자.

사이클 접점		표준 응대 화법	표준 응대 태도/행동	작업준수 사항
1	전화	정성을 다하는 VH동물의료센터입니다. 무엇을 도와드릴까요?	전화벨이 3번 울리기 전 신속하게 받는다 (안내 멘트 나오는 시간에 따라 상이) 늦게 받을 경우 : 기다려 주셔서 감사합니다 + 표준 응대)	보호자 차트 확인 메모할 준비
2	방문(맞이)	안녕하세요, 예약하셨나요?	머리모양, 유니폼/명찰 확인하고, 밝고 편안한 미소로 15도 인사를 건넨다. 고객이 짐이 있거나 거동이 불편한 경우 문을 열어드린다	용모 복장 점검 일어서서 응대 눈 맞춤+미소

　　응대 멘트만 적힌 매뉴얼의 교육으로는 개인별 편차가 클 수 있지만, 이처럼 잘 구축된 매뉴얼로 직원들의 교육이 진행되면 직원을 해당 상황에서 표준 응대의 태도와 행동, 준수사항에 맞춰 움직이게 만들어 개인별 편차를 줄일 수 있다. 용모복장의 체크와 관리도 마찬가지다. 유니폼, 헤어, 메이크업, 손톱, 타투 등 세부적인 사항에 대한 정확한 가이드라인과 샘플을 제시하여 그 틀 안에서 벗어나지 않는 선에서 관리할 수 운영해야 한다.

　　병원의 규모가 커질수록 직원이 수가 많아지고, 신경 써야 할 부분이 늘어난다. 그럴수록 매뉴얼 없이 많은 직원을 문제없이 관리하기란 어쩌면 불가능하다. 사람에 의지해 병원서비스의 질을 향상시키려 하는 것이 아닌, 공통된 병원의 틀을 탄탄하게 구축하여 그 안에서 직원들을 효율적으로 관리하는 것, 제대로 된 매뉴얼 구축이 열 직원 부럽지 않다는 것을 체감할 수 있을 것이다.

W.H.Y법칙의 두 가지, Who와 How가 잘 준비되었다면 잘 준비된 능동적 움직임이 담긴 매뉴얼을 지속적으로 실행시켜줄 마법의 주문으로 우리 병원의 W.H.Y법칙을 완성해 보자.

■ 서로를 끊임없이 움직이게 하는 마법, Thank You

　"고맙습니다"라는 말을 자주 사용하는가? 고맙다는 말은 그동안 내가 한 노력에 대한 충분한 보상이고 그 노력이 결코 당연하지 않았다는 것을 의미한다. 또한 스스로에게 힘들었던 과정에 대한 기억보다는 보람되고 뿌듯한 느낌과 내가 인정받고 있고, 참 괜찮은 사람이라는 생각을 하게 한다. 이렇듯 감사를 전하는 말은 아주 간단하고 쉽지만, 서로에게 긍정적 영향을 전하며 스스로를 더 좋은 사람으로 움직이게 하는 마법과도 같은 주문이다.

　이렇게 서로에게 유익한 상호성에 대한 인식이 잘 자리잡으면 그 관계는 신뢰도가 높아지며 좋은 상태를 유지하며 오래 지속된다. 실제 연구에 의하면 감사를 받은 사람들은 희생적인 일을 하고도 감사를 표현하는 사람을 향해 억울함보다는 연대감을 더 크게 느끼는 것으로 나타났다. 감사를 통해 서로를 위해 희생하고도 기쁨을 느끼고 계속해서 함께 노력하는 원원의 관계가 만들어질 수 있다는 것이다.

　사람은 누구나 괜찮은 사람이길 바라고 내가 노력한 것에 대해 인정받길 원한다. 직원들을 움직이게 하는 제대로된 매뉴얼을 구축했다면 매뉴얼을 구축하고 실행하는 직원들에게 오늘도 아주 간단하고 쉽지만 마법과도 같은 주문, 'Thank You'를 함께 전해보

자. 앞으로 우리 병원의 고객만족을 위한 시작점에 마법과도 같은 일들이 끊임없이 원장님들의 눈앞에 펼쳐질 것이다.[7]

---

7) '(박진영의 사회심리학) '고맙다'는 말은 '마법' 같다', 《동아사이언스(dongascience. com)》 (※ 참조)

병원 규모에 맞는
맞춤형 서비스 시스템

06

■ 규모가 서비스를 결정한다. 큰 성장을 위한 작은 단계

"전국 동물병원의 73%가 1인 원장 동물병원"

사람의 의료기관은 크게 의원과 병원으로 나뉜다. 집 근처에서 손쉽게 찾을 수 있는 의원, 진료 의뢰를 받아 중증질환을 관리하거나 응급환자에 대응하는 병원으로 구분된다. 반면 동물병원은 법적으로 규모나 역할에 따른 정해진 구분과 제약이 없다. 수의사미래연구소에 따르면 "동물병원의 법적 구분이 없음에도 동물병원, 동물메디컬센터, 동물의료센터 등 달리 표현되고 있다"면서 CT가 있으면 1.5차, MRI가 있으면 2차 동물병원으로 일컫는다고 한다.[8]

현재 한국의 동물병원의 규모를 나누는 기준이 정확하게 정해져 있지 않지만, 일반적으로 병원의 규모를 분류할 때 중요하게 고

---

8) '전국 동물병원의 73%가 1인 원장 동물병원', 《데일리벳 (dailyvet.co.kr)》(※ 참조)

려되는 직원 수와 제공되는 서비스 유형을 기반으로 구분해보자.

규모	직원 수	주요 특징
소규모	1명~10명	일반적 진료와 간단한 수술, 개인 맞춤형 서비스 제공
중규모	10명~50명	다양한 전문 진료 가능, 보다 넓은 서비스 범위, 일부 전문 의료장비 보유(CT)
대규모	50명 이상	전문분야, 전문 의료진과 많은 직원 보유, 다양한 과별 협진가능, 24시 응급진료 운영, 완비된 의료서비스 제공, 다양한 전문의료 장비 보유(MRI)

사실 규모 분류의 기준이 100% 정확한지의 여부는 중요하지 않다. 위 표는 현재 우리 병원의 규모가 어느 정도인지 대략적으로 체감하기 위함일 뿐, 내가 병원의 규모를 나누어 제시하고 싶었던 궁극적인 이유는 동물병원 또한 병원의 규모에 따라 각각 다른 병원서비스가 제공되어야 함을 꼭 이야기하고 싶어서이다. 그럼 규모를 분류하는 기준에 활용된 직원 수와 주요 특징에 대해 간단히 알아보자.

직원수는 병원이 제공하는 서비스의 범위를 결정짓는 데 직접적인 영향을 미친다. 수의사, 테크니션, 매니저, 행정직 등 직원의 수가 많으면 많을수록 더 전문적이고 체계적인 병원서비스를 제공하고, 복잡한 의료서비스를 최대한 편리하게 고객에게 전달할 수 있다. 시설 크기는 병원이 제공하는 의료서비스의 범위, 고객에게 줄 수 있는 편안하고 쾌적한 경험의 정도를 결정짓는다. 그리고 병원 시설의 규모별 특징들은 고객의 다양한 니즈와 내원욕구를 충족시키는 요소로 고객이 병원을 선택하게 하는 결정적인 이유로 작용한다.

이렇듯 병원의 규모에 따라 제공하고 싶고, 제공할 수 있는 병원서비스의 목표와 방향성, 그리고 실행방법 또한 명확히 달라야 한다. 즉, 우리 병원이 제공해야 할 병원서비스의 기준을 정하기 위해서는 반드시 현재 병원의 규모를 정확히 인지하여 규모에 맞는 의료장비를 구축하고, 진료서비스, 인적서비스 제공이 가능한지 여부와 각각의 서비스를 제공하는 수의사, 테크니션, 매니저, 행정팀 등 직원들의 역량 또한 충분히 고려되어야 한다.

맞춤형 서비스 시스템, 고객에게 최적화된 경험을 제공한다

3차 병원이라 불리는 대학병원에 간 적이 다들 한 번쯤은 있을 것이다. 필자는 2년 전, 부모님 두 분 모두 암 진단을 받으시게 되어 가족 모두가 비상상황에 맞닥뜨렸었다. 급하게 대학병원에 명의들을 검색해서 짧게는 한 달, 길게는 4개월 이상을 기다려 해당 교수님의 상담을 받고, 또 몇 개월을 기다려 수술을 받기까지 그 과정을 돌아보면 환자 개인의 상황과 특정한 이슈, 변수들이 발생해도 정해진 병원 프로세스에 기반하여 어떠한 유연한 적용을 받지 못하여 보호자의 입장에서는 답답하고 다시는 내원하고 싶지 않은 병원이라고 생각했던 기억이 난다. 하지만 지금 생각해보면, 3차 병원의 경우 모두가 생사를 오가는 환자들이 전국에서 찾아오는 곳이며, 정확하게 정해진 프레임 안에서 움직이지 않으면 전국에서 몰려오는 아주 많은 환자와 보호자를 응대하는 것은 아마 불가능하지 않을까 싶은 생각이 든다. 의료서비스가 발전하고 성장하여 고객중심의 진료서비스를 제공하는 것이 중요하다고는 하지만, 생명의 마지막을 결정하고 다루는 3차 상급병원을 찾아가는 환자와 보호자들의 바람은 오직 '병을 치료하는 것'이기에 동일한 기준으로 평가할 수 없다.

이처럼 병원 운영에 있어 규모에 맞는 서비스 시스템을 적용하는 것은 매우 중요하다. 이는 병원이 가진 자원을 효율적으로 활용하고 병원 운영 시 들어가는 비용과 투자의 규모를 선택하는 기준이 된다. 또 직원관리와 규제, 준수에 관한 리스크를 줄여 내원하는 고객의 만족도를 높이고 개선하는 데 큰 역할을 한다.

동물병원 운영에 있어 규모별 맞춤형 서비스 시스템을 적용하기 위해 고려해야 할 사항에 대한 설명을 위해 소규모 동물병원 A, 대규모 동물병원 B가 있다고 가정해보자.

A 병원에서는 고객과 직원이 더욱 친밀하고 개인별 맞춤 응대로 그들과 비교적 깊은 관계를 형성하여 우리 병원의 마니아층을 두텁게 하는 것에 집중해야 한다.

반면 B 병원에서는 복잡한 운영 구조와 다양하고 세분화된 전문 진료 영역을 효과적으로 관리하여 고객에게 편리하게 전달하는 것이 핵심이다. 복잡한 시스템, 많은 직원 수의 강점이 고객에게 잘 전달되기 위해서는 각각의 세분화된 팀워크가 중요한 역할을 한다.

중규모 병원은 위 두 규모 사이에서 균형을 잘 잡는 것이 중요하다. 전문적 서비스를 제공하면서도 고객 개인별 관계를 두텁게 하는 밀착 접근을 잃지 않는 방식으로 운영되어야 한다.

동물병원에서 현재 가장 고민이 되는 부분이자, 병원이 제공하는 서비스의 범위에 결정적인 영향을 미치는 직원관리는 규모별 어떻게 달라져야 하는지 규모별로 간단히 정리해 보자.

[대규모 동물병원]

- **중간관리자의 역할 강화** : 테크니션, 매니저, 행정, CS관리, 마케팅 등 매우 세분화된 팀으로 나뉘어 운영된다. 대규모 동물병원에서는 특히 중간관리자의 역량과 역할이 매우 중요하다. 중간관리자는 팀을 관리하며 타부서와의 업무 조율, 병원 시스템 전체를 고려하여 본인 파트에서의 체크, 점검을 통해 개선을 위한 실질적 솔루션을 실행할 수 있어야 한다. 즉, 중간관리자의 역량에 따라 팀워크, 팀효율성, 팀 성과가 달라지며 결국 병원의 인적자원관리, 매출에도 영향을 미친다.

- **체계적인 교육 프로그램과 지원** : 각 파트 구성원의 지속적 성장과 전문성 향상을 위해 교육은 매우 중요한 역할을 한다. 내부 교육프로그램과 워크샵, 외부 강의 지원 등을 통해 직원의 역량을 강화할 수 있는 기회를 제공한다.

또한 성과 기반 보상 체계를 마련하여 직원의 동기를 부여하고 독려한다. 동물병원에서는 아직 성과급이 제공되는(수의사 파트 제외) 케이스는 사실상 거의 없고, 성과급 자체도 일반기업에 비해 금액이 크지 않지만, 규모가 큰 병원에서는 연말 송년회, 반기별 결산, 등 승진, 보너스, 기타 상품권 등의 보상이 이루어진다. 성과급에 대한 인식 기준이 일반기업과 동물병원에서 동일하게 적용될 수 없음을 인지하고 동물병원의 특성을 고려하여 금액의 크고 적음의 기준이 아닌, 직원들에게 노출되는 보상의 적절한 빈도수와 현장에서 쉽고 재미있게 적용될 수 있는 부분들을 고려하여 팀별 성장 워크숍, 형식적 승진이 아닌 업무 성과에 따른 권한과 책임 부여, 고객의 소리를 활용한 우수직원 포상, 우리 병원만의 테마가 있는 송년행사 등 현장 직원들에게 외적, 내적 동기부여를 해줄 수 있는 다양한 방법들을 고민해보아야 한다.

[소규모 동물병원]

- **서비스 시스템의 유연성 필요** : 소규모 동물병원의 가장 큰 특징은 모든 직원들이 하나의 일을 하는 것이 아닌, 멀티 역할을 해내야 한다는 것이다. 테크니션이 의국 안에서 업무 외 접수 데스크에서 고객을 응대하는 일을 함께해야 하는 것처럼 원장, 수의사, 테크니션, 매니저 팀이 명확하게 분류되어 있지 않고 업무의 경계가 뚜렷하지 않다. 한 직원이 다양한 업무를 진행하기 때문에 다양한 파트에 대한 업무 경험을 통해 빠른 시간내 실무 지식과 경험을 습득하고 역량을 높일 수 있으나, 직원 개인에게는 업무 과중, 심적 부담을 줄 수 있다. 이러한 경우 보편적으로 중규모 이상의 병원에서 갖춰진 서비스 시스템을 적용하는 것은 오히려 역효과를 불러올 수 있다. 소규모 동물병원에서는 서비스를 전달하는 직원 개인의 성향과 효율성, 편리성에 기반하여 다기능을 해야 하는 직원 개인에게 최적화된 시스템을 적용하여 운영의 유연성을 반드시 고려해야 한다.
- **전자 의료기록(EMR)시스템**의 경우 모든 환자의 의료 정보를

디지털화하여 저장하고, 의료진이 시간과 장소 제약없이 접근할 수 있게 도와주는 역할을 하며 진료의 일관성을 보장하고 다양한 진료와 보호자에 대한 광범위한 정보 교류를 원활하게 하며 오류 발생의 범위를 줄여 줄 수 있다. 50명 이상 되는 직원들이 구두로 소통하는 것보다 차트에 메모하여 소통하는 것이 훨씬 더 편리하고 효율적이며 소통의 오류 또한 줄일 수 있다. 반면 10인 이하의 병원에서 동일한 차트 프로그램을 사용하여 모든 소통의 차트에 다 기록하고 확인한다고 가정하자. 과연 업무효율성이 높아질까? 아마 더 불편함을 많이 느끼게 될 것이다. 1인이 다기능을 해야 하는 경우, 추가되는 시스템은 그들에게는 업무의 부담을 줄여주고 도와주는 역할이 아닌, 또 다른 하나의 업무가 추가된 거나 마찬가지기 때문이다. 따라서 동일한 시스템일지라도 병원의 규모에 맞게 사용해야 하는 범위가 달라져야 한다.

■ 중요한 것은, 규모의 크기가 아닌 변화의 크기

"작은 규모의 병원이 고객에게 주는 큰 영향, 큰 규모의 병원의 작은 시작(개인 밀착 맞춤형 서비스)"

병원의 규모는 항상 일정한 값을 취하는 상수가 아닌 계속 변하는 값인 변수이며, 환경과 상황, 사람에 따라 소규모 ⋯➔ 중규모 ⋯➔ 대규모 병원으로 성장하게 된다. 아무리 편리하고 좋고 트렌드가 반영된 최신 시스템이라고 할지라도 결국 그 시스템을 사용하는 것은 사람, 즉 현장의 직원들이다. 규모에 맞춘 서비스 시스템을 적용해야 하는 이유는 성장의 흐름 속에서 반드시 거쳐가야 하는 단계가 존재하며, 보호자와 환자가 그 시스템 안에서 우리와 함께 공존하기 때문이다. 고객만족을 완성시키는 일괄적인 솔루션은 존재하지 않기에 병원 규모별 맞춤형 서비스를 제공하는 것은 이제 선택이 아닌 필수가 되었다.

치열해진 동물병원의 경쟁 속 고객의 선택을 받기 위해 우리 병원이 가지고 제공할 수 있는 최적의 방법을 선택해야 한다. 규모에 따라 각각 달라지는 서비스 시스템 속 규모에 관계없이 우리와 공존해야 하는 변화의 크기는 "보호자와 환자에 대한 세심한 배려와 손길"이 결정한다는 것을 꼭 기억하자.

모든 것이 완벽할 수는 없다.
꼭 필요한 몇 가지를 선택하라

07

■ 선택과 집중

|||||||||||||||||||||||||||||||||||||||||||||||||||||||||

뛰어난 투자와 기부로 흔히 '오마하의 현인'으로 불리는 워렌 버핏 (Warren Buffett). 버핏의 전용기 조종사 마이크 플린트는 그가 어떻게 투자에 성공하는지에 대해 물었다. 버핏은 그에게 앞으로 이루고 싶은 목표 25가지를 적어보라고 했고, 그 중 가장 중요한 5가지에 동그라미를 표시를 하라고 했다. 그리고 나머지 스무 개는 어떻게 할 것인지 물었다.

"급한 것부터 하고 나머지는 틈틈이 노력해야죠"

"아니, 틀렸네, 동그라미 치지 않은 건 모두 피해야 할 목록(avoid at all cost list)일세. 다섯 개의 목표를 모두 달성할 때까지 절대 관심도 노력도 기울여선 안 되네"

이 이야기는 목표설정에 대한 워렌버핏의 아주 유명한 '5/25 rule'

의 일화이다.

선택과 집중은 무엇인가를 선택함으로 무엇인가는 포기해야 한다는 것을 의미한다. 선택은 늘 다른 옵션을 사라지게 하지만 그 과정을 통해 가야 할 방향성을 명확하게 정해주는 역할을 한다. 기업도 개인도 동원할 수 있는 자원과 역량의 총량과 시간은 제한적이다. 모든 것을 동시에 선택하게 되면 제한된 자원과 시간의 분산이 일어나 오히려 두 마리 토끼를 잡으려다 둘 다 놓치는 꼴이 되고 만다. 집중해야 하는 목표가 무엇인지 명확하다면 그것을 선택하고 집중하는 것이 동물병원 CS경영을 위한 첫 시작이다.[9]

■ 선택과 집중을 위한 두 가지 기준
||||||||||||||||||||||||||||||||||||||||||||||||||||||||||||||||||||||

선택과 집중, 우리는 어떤 기준을 가지고 어떻게 해야 할까?

미국 컬럼니스트 케빈 매이니(Kevin Maney)는 이렇게 말했다. '기업들은 모든 걸 다 잘하려고 한다. 그러나 여기에는 분명 한계가 있다' 그러나 시장을 선도하는 기업들은 충실성(Fidelity)과 편리성(Convenience)에 따라 선택과 집중을 잘 했다. 여기서 충실성이란, 병원의 진료/서비스가 고객들에게 얼마나 가치를 주는지를 의미하고 편리성이란, 고객이 병원서비스를 얼마나 쉽게 이용할 수 있는가를 의미한다. 예를 들어 아이유의 노래가 듣고 싶다고 가정하자. 이 때 충실성이 높은 선택은 가수의 콘서트에 직접 가서 듣는 것이고 편리성이 높은 선택은 뮤직플랫폼에서 노래를 다운받아 듣는 것이다.[10]

---

9) 선택과 집중을 잘하는 자가 승리자가 된다. (brunch.co.kr) ※참조
10) '선택과 집중 잘하려면 두 가지 기준을 세워라', 비즈킷 (※ 참조)

동물병원의 예를 들어보자. A 병원은 응급환자를 제외한 나머지는 100% 예약제로 운영하고 있고, B 병원은 예약제는 아니나 예약과 외래진료 모두 언제든 가능하다. A 병원은 100% 예약제로 진료가 진행되므로 총 대기시간은 평균 30분 미만이며, 다음 환자상담까지의 시간을 예측할 수 있으므로 좀 더 체계적인 진료상담과 서비스가 가능하나 응급이 아닌 이상 당일 외래진료는 불가능 하다. B 병원은 예약과 외래진료가 함께 진행되어 다음 환자 상담까지의 시간과 대기시간이 외래환자의 수에 따라 매일 달라져 예측하기 어렵다. 따라서 진료상담 과정에서 조급함이 느껴지고 총 대기시간의 평균을 예측하기가 힘드나 미리 전화하고 예약을 잡지 않아도 환자가 원하는 시간에 내원하여 진료가 가능하다.

실제 동물병원에서 100% 예약제를 실행하고 있는 병원은 매우 드물다. 모두 예약제로 운영을 공지하지만, 대부분의 병원에서는 외래로 내원한 고객을 그냥 돌려보낼 수 없기 때문에 실제 동물병원의 예약율을 보면 최저 20%에서 최고 60%의 예약율을 보인다.

내가 CS컨설팅을 진행한 병원 중 두 곳이 유일하게 100% 예약제(응급환자 제외)로 운영이 되었는데, 그 병원의 고객대기실을 가보면 다른 병원들과 다소 차이나는 모습이 관찰된다. 우리가 보통 알고 있는 동물병원의 고객대기실은 매우 붐비거나 자리가 부족하거나 너무 많이 대기중인 고객과 반려동물로 인해 정신없이 부산스러운 환경이 조성되는 반면, 이 두 곳의 고객대기실은 조용하고 편안하며 보호자들 또한 여유 있는 공간과 좌석에 편안하게 대기하는 모습을 볼 수 있다.

사실 대부분의 원장님들이 100% 예약제를 강하게 진행하지 못하는 이유가 외래로 오는 환자를 그냥 돌려보내게 되면 이탈 고객이 많아지고 매출이 감소할 거라는 걱정 때문이다. 그런데 실제 운영하고 있는 원장님들의 의견을 들어보면 물론 시행하는 초반 몇 개월 동안은 보호자들의 불평불만이 많았지만, 100% 예약제로 운영하며 직원들도 예약된 고객에게 더 집중할 수 있고 세심한 병원서비스를 제공하며 밀착 케어를 하게 되니 오히려 서로에게 더 만족감을 높이는 시스템으로 자리 잡았다고 한다.

물론 모든 병원에 100% 예약제 운영이 무조건 좋은 영향을 미치는 것은 아니다. 고객만족은 고객 개인적 성향과 욕구, 니즈에 따라 한 가지 요소가 아닌 복합적 요소로 인해 결정되며, 모두가 동일한 욕구를 가진 것이 아니므로 어떤 것을 선택하는 게 더 좋은 결과를 가져온다고 확신할 수 없다. 다만 충실성과 편의성 사이에서 두 가지 모두에 다리를 걸쳐 놓고 이것도 저것도 아닌, 어중간하게 자리잡게 되면 오히려 고객은 메리트(merit)를 느끼지 못 해 쉽게 이탈하게 되므로 두 가지 중 하나를 선택하여 몰입과 집중하는 것이 필요하다.

■ 무엇을 선택하고 무엇을 포기할 것인가?

"각 과별 최고의 전문 의료진 구성, 국내 최대 규모의 시설, 대학병원 수준의 분업화된 진료 협업 체계, 최고급 의료 장비 도입, 미용, 호텔에서 진료까지 원스텝으로 가능한 토탈 케어 시스템, 고객전문가가 응대하고 제공하는 품격 있는 고객 서비스, 고객 중심의 병원서비스 제공"

고객이 만족하는 성공하는 동물병원이 되기 위해 모든 요소들을 완벽하게 세팅하고 에너지를 쏟는 것은 현실적으로 불가능하다. 만약 가능하다고 해도 그리 효율적인 방법은 아니다. 물론 모든 것을 다 잘하고 싶은 게 사람의 마음이고 욕심이다. 하지만 모든 것을 얻으려는 순간 모든 것이 애매한 수준에 머물러 고객의 기억에 각인되지 못하고 점차 희미하게 사라지며 치열한 경쟁 속에서 살아남지 못하게 된다. 다양한 병원서비스를 전달하기 위해서는 분명 많은 시간과 인력, 그리고 에너지가 소모된다.

사실 우리 병원에서 집중해야 할 것이 무엇인지가 명확하다면 그것을 선택하면 된다. 그러나 어떤 병원이든 명확한 몇 가지를 찾고 나머지를 포기한다는 것은 결코 쉬운 일이 아니다. 중요한 것은 우리 병원이 궁극적으로 추구하는 방향성, 현재 우리의 강점, 충성고객의 보호자들이 우리 병원을 찾는 주요 이유 등을 곰곰이 생각해 본 뒤 병원이 집중해야 할 목록리스트를 작성한 후, 먼저 집중해서 힘을 실어야 하는 세 가지 정도를 선택한 후 그렇지 않은 부분을 줄여 나가며 힘을 빼는 연습이 필요하다.

동물병원의 성공을 위해서는 고객의 마음에 우리 병원을 어떻게 위치시킬 것인지 포지셔닝이 분명해야 한다. 먼저 선택한 우선순위의 목표를 위해 한 우물만 파는 전략, 모든 목표를 동시에 진행하며 여러 곳으로 분산시키는 다각화 전략, 어느 쪽이 좋을까? 여기에 명확한 정답은 정해져 있지 않다. 다만 병원도 직원 개인도 가진 자원과 시간이 제한적이라는 점을 생각하여 주어진 시간 내 어떤 것을 선택하고 거기에 집중할 것인가를 결정하는 것은 지금 병원을 경영하는 원장님의 몫이다.

과연 당신은 어떤 길을 선택할 것인가?

병원도 이제는 단순 질병 치료의 일차원적 목적으로
진료만 제공하는 곳이 아닌,
진료서비스를 제공하는
다차원적인 목적을 가진 곳으로 인식된다.

Chapter

5

경쟁력을 높이는
동물병원CS 전략
: CHECK UP

현재 동물병원을 내원하는 보호자들이
진짜 바라고 원하는 것은 딱 한 가지이다.
다양한 내원욕구 충족을 위한 차별화된 병원서비스가 아닌
'예측 가능한 병원서비스'를 제공받는 것이다.

병원이 바라는 목표가 아닌, 보호자의 내원욕구를 파악하라

■ 같은 공간, 다른 생각

'동상이몽', 같은 자리에 자면서 다른 꿈을 꾼다는 뜻으로, 겉으로는 같이 행동하면서도 속으로는 각각 딴생각을 하고 있음을 이르는 말이다.

IBM-이컨설턴시 조사에 따르면 기업의 81%는 고객을 충분히 잘 이해하고 있다고 생각하지만, 고객의 80%는 기업이 고객을 잘 이해하지 못하고 있다고 답했다. 이는 기업이 생각하는 고객의 이해와 고객이 직접 경험으로 느끼는 체감적 인식에는 현저한 차이가 있다는 것을 증명해준다.[1]

늘 기업은 고객에 집중하고 고객의 관점으로 고객만족을 위한

---

1) 〈브랜드—소비자 '동상이몽'…소비자 80% '브랜드는 날 이해 못해'〉, 《청년투데이 (fnnews21.com)》 (※ 참조)

치밀한 분석과 다양한 방안들을 매년 고민하여 제시하고 있지만, 실상 고객들이 느끼는 체감적 인식에서의 괴리감을 줄이는 것에는 실패하고 만다. '관점을 바꾸고 입장을 바꿔 생각하는 것', 이는 고객만족을 넘어 고객 경험이 중요해진 요즘, 결코 말처럼 쉽지 않은, 수많은 기업들이 풀어야 할 과제로 현존하고 있다.

누군가 '동물병원을 내원하는 보호자들은 어떤 내원욕구를 가지고 있을까?'라고 묻는다면 당신은 뭐라고 답하겠는가? 아마도 질병을 치료하기 위함이라고 말할 것이다. 그러나 병원도 이제는 단순 질병 치료의 일차원적 목적으로 진료만 제공하는 곳이 아닌, 진료서비스를 제공하는 다차원적인 목적을 가진 곳으로 인식된다.

예를 들어, 신차를 구매하기 위해 고객을 응대하는 영업사원의 경우 일차원적인 목적만을 고려하면 차량 구매 과정에서 다양한 서비스를 제공해 고객의 마음을 사로잡을 필요가 없다. 하지만 현실은 우리가 알고 있는 것과 다르다. 신차 구매 고객의 실제 구매욕구는 매우 다양하다. 차량 구매의 목적 안에서 고객들은 환경, 개인성향, 자산정도, 가치관, 사회적 위치 등 아주 세부적인 개개인의 구매욕구를 가진다. 좀 더 쉽게 설명하면 누군가는 차량은 단순히 이동을 편리하게 도와주는 수단일 뿐이라고 생각하지만, 누군가는 나의 이미지를 대변해주는 브랜드로 하차감을 중시하기도 한다. 이런 이유로 이미 오래전부터 대부분의 자동차 브랜드에서는 차량을 판매하는 영업사원들의 하드스킬뿐 아니라 소프트 스킬 향상을 위해 CS 교육에 매우 많은 예산을 들여 체계적인 교육을 진행한다.

이런 고객의 세분화된 욕구는 비단 상품을 구매하는 업종뿐 아니라 고객을 대상으로 유형, 무형의 상품과 서비스를 제공하는 모든 업종에 해당된다. 특히 사람 병원과 달리 반려동물과 보호자라는 두 개의 접점을 가지고 있는 동물병원에서는 더욱 세분화되고 고려해야 할 사항들이 많아진다.

농촌진흥청이 동물병원 11곳의 전자차트를 분석한 결과, 동물병원의 내원 이유 1위는 예방의학, 2위는 피부질환이었다. 예방의학 11.5%와 피부질환 6.4%의 차이는 약 5%로, 이는 병원에서 생각하는 동물병원 내원욕구인 '질병 치료의 목적'과 다소 상반된 결과를 보여준다.

동물병원 11곳 전자차트 분석 결과, 반려견 내원 1위 질환은 '피부질환'
《데일리벳 (dailyvet.co.kr)》 (※ 참조)

특히 펫프리미엄, 반려동물을 가족으로 지칭하는 펫팸족의 증가 등 반려동물 산업시장이 급격히 성장하고 있는 지금, 질병이 발생하기 전 건강검진, 예방의 목적을 가진 내원 이유는 늘어날 수밖에 없다. 앞으로 보호자가 동물병원에 내원하는 표면적 이유 속에서 그들이 병원에 바라는 숨겨진 내원욕구를 파악하여 치열한 동물병원의 경쟁에서 살아남을 수 있는 치트키를 찾아야 한다.

■ 예측, 보호자가 진짜 원하는 딱 한 가지

||||||||||||||||||||||||||||||||||||||||||||||||||||||||||||||||||||||||

동물병원을 내원하는 보호자들의 내원욕구는 매우 다양하다. 이제는 단순히 접근성, 규모, 광고노출 등을 넘어 예민한 반려묘 보호자들을 위한 고양이 특화진료, 편리한 주차공간, 기다림의 시간이 적은 신속한 병원서비스 제공, 깨끗하고 편안한 병원 시설, 미용실, 호텔 운영 등 개인의 생활패턴, 직업, 지역, 성향에 따라 원하는 것들이 매우 세분화되고 기준도 높아지고 있다. 시간이 지날수록 더욱 다양해지고 세분화되는 보호자의 내원욕구에 대해 동물병원은 어떻게 대응하는 것이 좋을까?

보호자의 숨겨진 내원욕구에 잘 대응하기 위해서는 보호자가 진짜 원하는 것이 무엇인지를 먼저 알아야 한다. 동물병원을 경영하거나 종사하는 원장님, 수의사, 직원들은 대부분 병원을 내원하는 보호자를 이렇게 인식하고 있을 것이다.

'까다롭다, 예민하다'
'원하는 게 많다'
'뭘 원하는지 차라리 말해주면 좋겠다…'

228

'불만이 많다.'

'전문가의 말은 듣지 않고 이상한 정보를 믿고 수의사는 불신한다'

동물병원에게 보호자란 원하는 것도 바라는 것도 많은, 두 마리의 토끼를 다 잡길 원하는 욕심쟁이일지도 모른다. 물론 모든 보호자가 그런 건 아니라고 이야기하지만, 마음 한 구석에는 성급한 일반화의 오류로 인해 보호자에 대한 잘못된 인식이 분명 자리잡고 있다. "잘못된 인식이라고 어떻게 단정지어 말할 수 있는가?"라고 묻는다면, 전 세계 400개 기업 9만 7000명의 고객 분석(《고객이 기업에게 원하는 딱 한가지》)을 통해 찾아낸 결과인 아래 두 가지를 통해 한 번 간단히 살펴보자.

■ 고객은 기대 이상의 서비스를 전혀 바라지 않는다

|||||||||||||||||||||||||||||||||||||||||||||||||||

고객은 서비스의 과정에 노력을 줄여주는 신속한 처리와 응대를 바란다. 즉, 고객이 진짜 바라고 원하는 것은 다양한 내원욕구를 충족시켜주는 차별화된 다양한 서비스 제공이 아닌, 고객의 수고와 걱정을 미리 덜어줄 수 있는 '예측할 수 있는 병원서비스'를 제공받는 것이다. 이는 수많은 보호자들의 다양한 욕구 속 모두가 원하는 가장 기본적이며 필수적인 공통된 욕구이다.

매번 다른 병원과 차별화된 요소를 많이 만들어서 고객이 기대하는 것 이상의 병원서비스를 제공해야 한다고 생각했다면 다소 이해되지 않고 공감할 수 없을 것이다. 하지만 실제 동물병원CS를 교육하면서 나 또한 항상 '기본이 채워지지 않은 채 특별한 서비스 제공을 고민하는 것은 깨진 우물에 물을 부어 장독을 채우려고 하는 것과 같다'라고 강조한다. 차별화된 특별함을 제공하기 전, 모든 보호자가 원하는 병원서비스의 예측을 제공하여 불필요한 걱정과 수고를 반드시 감소시켜줘야 한다.

이는 동물병원 밖으로 나가는 순간 우리 또한 고객의 입장이 되기에 예측할 수 없는 서비스가 고객에게 얼마나 많은 불편감과 불안감으로 신뢰를 떨어트리는 결정적 요소로 작용하는지에 모두가 공감할 것이다.

갖고 싶은 상품을 구매하기 위해 매장에 방문했는데 구매 확정 전까지 내가 구매할 상품의 가격을 알지 못 한다면? 고장 난 차량을 서비스센터에 맡겼는데 언제 수리가 완료되는지, 차량 픽업일을 미리 알지 못한다면?

어쩔 수 없는 상황이라면 울며겨자먹기로 상품을 구매하고 차량 수리를 맡기겠지만, 그 과정 속 수많은 불편감과 불안감으로 아마 다시는 방문하고 싶지 않은 곳으로 기억하게 될 것이다.

동물병원에 내원하는 순간부터 시작되는 병원 서비스의 과정을 들여다보면 보호자의 마음을 불안하고 불편하게 하는 예측할 수 없는 상황들이 빈번하게 발생한다.

- 예약한 시간에 맞춰 진료를 받을 수 있을까?
- 오늘 비용은 얼마 나오려나?
- 내가 요청한 내용은 주치의에게 잘 전달이 되었을까?

동물병원의 환자는 반려동물이며, 반려동물은 직접 보고, 듣고 말하지 못하기에 보호자가 환자를 대변하므로 2개의 접점이 항상 공존한다. 동물병원의 이와 같은 특수성을 고려하여 보호자가 환자의 상태와 앞으로의 병원서비스 과정을 미리 예측할 수 있게 해주는 서비스로 내원하는 동안 마음의 편안함을 유지시켜주는 것이 중요하다. 예측가능한 병원서비스를 제공하는 것은 보호자가 병원을 다시 선택하게 하는 결정적 요소로 작용되며, 이는 컴플레인 해결과도 직결된다.

■ 현재, 공통된 욕구에 집중하기

"가장 중요한 것은 고객이 원하는 것을 이해하는 것이다. 그래야만 그들이 원하는 것을 줄 수 있다"

– 스티브 잡스

    동물병원CS 경영을 위한 목표를 수립할 때 우리는 반드시 보호자의 내원욕구에 집중하고 우선적으로 고려해야 한다. 이러한 접근은 단순히 고객의 만족도를 높이는 것에 그치는 것이 아닌, 병원에 대한 보호자의 신뢰도를 강하게 형성하여 충성고객을 확보할 수 있는 관계 형성을 위한 큰 역할을 하며, 이는 매출상승과 수익창출로 이어진다.

    우리는 지금도 그리고 앞으로도 수 없이 많은 시간을 고객의 욕구를 분석하고 만족시키는 것에 집중하게 될 것이다. 하지만 그보다 우선적으로 고려되어야 하는 것은, 개개인의 차별화된 욕구충족이 아닌 모두가 원하고 바라는 공통적 욕구를 들여다보고 제공하는 것이다.

현재 동물병원을 내원하는 보호자들이 진짜 바라고 원하는 것은 딱 한 가지이다. 다양한 내원욕구 충족을 위한 차별화된 병원서비스가 아닌 '예측 가능한 병원서비스'를 제공받는 것이다. 먼저 물어보지 않아도 환자의 현재와 보호자의 다음 경로를 미리 안내하여 부정적 추측과 불안감을 최대한 해소시켜 불필요한 수고와 걱정을 덜어주는 것이야말로 고객만족의 멋진 도약을 위한 가장 확실한 성공의 지름길이다.

현재 우리 병원의 상태를 리얼하게 직관하라

02

■ 우리가 보지 못하는 우리의 모습

당신은 메타인지가 높은 편인가?

메타인지란? 'meta(더 높은, 초월한)' + 'cognition(인지)'의 합성어로, 자신이 아는 것과 모르는 것을 정확히 파악하는 능력, 즉 자기 객관화를 의미한다.

우리는 살아가면서 스스로를 평가하는 순간과 자주 마주하게 되는데, 누군가는 자신을 실제 능력에 비해 더 낮게 과소평가하는 반면, 누군가는 실제 자기가 가진 능력보다 훨씬 높게 자신을 과대평가할 것이다. 이는 자존감이 높고 낮은 것과는 다르다. 세상에서 가장 어려운 일은 자기의 모습을 객관적으로 보는 것인 것처럼, 만약 자기 모습을 냉철하게 볼 수 있다면 그 자체로 그 사람은 매우 높게 평가된다. 그리고 이러한 자기 객관화의 냉철한 판단은 꼭 개인에게만 적용되는 것은 아니다.

동물병원을 운영하는 원장님 또한 우리 병원을 한 번쯤은 반드시 객관적인 시선으로 냉철하게 판단해 보아야 한다. 나를 객관적으로 보는 것이 어려운 이유는 나에 대해 스스로가 너무 익숙해져 있기 때문이다. 병원도 마찬가지다. 우리 병원의 현재 모습을 객관적으로 볼 수 없는 건 매일, 매시간 함께하는 공간, 사람들이기에 익숙함과 편안함의 시선이 가득 차 있기 때문이다. 지금도 우리는 병원의 현장에서 우리는 보지 못하는 수많은 모습들을 보호자들에게 보여주고 있다. 그것이 좋은 모습일지 좋지 않을 모습일지는 병원을 객관적으로 바라볼 시도를 하지 않는다면 아마 보호자가 보는 진짜 우리 병원의 모습은 아마 평생 보지 못한 채 지나갈 것이다.

■ 병원의 실제 모습과 마주하기

"한 달 전쯤 인가? CS관련 병원으로 방문한다고 했을 때 특별한 고민이 없던 상태라 '꼭 해야 하나?'라는 생각이 우선이었어요. 하지만 어제 이사님을 만나 이야기를 해보니 3시간이 너무 짧더라고요. 잘하고 있는 줄 알았는데 여기저기 부족한 점이 많이 보였습니다."

"병원에 익숙해진 원장과 직원들 눈에는 보이지 않던 문제점들을 낯선 시각으로 봐주시고 해결 방안도 명쾌하게 제시해주셨어요!"

"병원의 시각에 매몰되다 보니 새로운 관점으로 점검해볼 수 있어서 너무 좋았습니다."

"직원들도 외부 전문가의 객관적 피드백을 들으니 내부에서 잘 고쳐지지 않았던 부분들이 개선되어 너무 좋았습니다."

"그 동안 너무 당연하게 생활했던 것들에 대한 생각을 많이 바꾸게 된 계기가 되었어요."

실제 내가 방문했던 동물병원의 원장님들께서 '찾아가는CS' 미팅 후 직접 남겨준 메시지이다. 찾아가는CS는 현장모니터링을 통해 병원의 상태를 객관적으로 진단 후 모니터링 결과에 대한 솔루션을 제공해주는 프로그램이다. 해당 프로그램에서의 현장모니터링은 1시간 정도 약식으로 진행되며, 병원의 공간, 서비스 시스템, 직원 등 해당 시간에 관찰될 수 있는 병원의 모든 요소들을 축약적으로 진행된다. 동물병원CS를 도입하기 전 반드시 가장 먼저 점검하고 체크해야 할 부분이 있다면 단연코 현장 모니터링이다.

실제 내가 진행하고 있는 CS컨설팅 프로그램에 필수로 들어있는 것이 바로 현장 모니터링인 이유도 병원의 문제점을 찾고 적합한 솔루션을 제공하기 위해서는 직접 병원을 눈으로 보아야 무엇이 잘못되었는지를 정확히 판단할 수 있기 때문이다.

현장 모니터링은 매우 체계적으로 기획되고 진행된다. CS를 처음 접하거나 잘 알지 못하는 원장님들께서 가끔 "그냥 친절하게 응대하고 깨끗하게 청소하라는 거 아니에요?"라고 언급하시는 경우가 있는데, 현장모니터링은 단순히 병원의 청소상태, 직원의 용모복장에 대한 현 상태의 잘못된 부분을 지적만 하는 것이 아니다. 일부 CS담당자조차 이를 제대로 이해하지 못해서 CS관리를 하는 과정에서 직원들에게 "이렇게 지저분해서 어떻게 보호자를 응대하냐?", "손톱이 그게 뭐냐", "청소가 이렇게 안되면 아무것도 못한다" 등의 언급을 하곤 하는데, 이는 잘못된 방식이다. 다시 한번 말하지만 CS관리는 현 상태에 대한 지적과 지시만을 하는 것이 아닌 병원의 현재 모습을 객관적으로 관찰하여 그에 따른 올바른 솔루션을 제공하고, 목표한 하나의 방향으로 행동하게 만드는 것이다. 그러기 위해서는 개인적 판단과 기준이 아닌 현장에 적합하게 표준화된 기준점이 반드시 필요하다.

우리 병원의 지금 모습을 객관적으로 바라보기 위해서는 크게 두 가지 기준이 필요하다.

첫째, 동물병원이라면 반드시 갖춰야 하는 공간, 서비스 시스템, 직원의 요소 점검과 **둘째** 인적서비스 부분을 제외한 업무수행의 체크는 이행과 미이행 두가지로 나뉘며 '보통'의 중간은 존재하지 않는다는 것이다. 예를 들어, 고객응대를 하는 직원의 용모복장의 깔끔한 정도는 1점(미흡)~5점(좋은)의 사이에서 보통이라는 3점의 기준이 존재하지만, 고객라운지 관리의 청결상태 점검에서의 업무수행 체크는 이행(O) or 미이행(X)의 두가지로 판단된다.

실제 내가 기획해서 사용하고 있는 동물병원 현장모니터링의 서비스 체크리스트는 약 60개의 세부항목이 진단되며, 약 7시간 정도 현장의 모습을 지속적으로 관찰하고 결과를 토대로 분석 후 결과리포트가 제공된다.

물론 체크리스트를 기획하고, 현장을 점검하고 분석하는 것은 반드시 외부의 전문가의 도움이 필요하다. 이미 익숙해진 시선에서 보이지 않는 디테일한 관찰이 중요하기 때문이다. 그러나 동물병원CS을 도입하고 고객만족을 위한 경영계획을 수립하고 싶다면 적어도 우리 병원의 실제 모습을 바라보는 객관적인 기준이 필요하다는 것은 알고 있어야 한다. 그리고 더 중요한 것은 한 번의 체크와 점검으로 지금의 모습을 리얼하게 직관했다면 개선과 보완을 통해 정기적인 시스템을 통해 지속적으로 체크하는 것이 중요하다.

■ 보고 들었다면 움직여라

고객만족을 위한 긴 여정의 시작은 우리 병원이 가야 할 방향성을 최대한 정확하게 정하는 것이다. 현재 우리 병원의 모습을 객관적으로 직관하는 것은 단순히 병원을 평가하는 것이 아닌, 지금 고객에게 제공되고 있는 병원서비스 전체를 점검하여 로스를 줄이기 위한 필수 과정이다.

대부분 원장님들은 우리 병원을 외부 전문가의 객관적인 관점에서 한번 체크해보고 싶다고 생각한다. 그러나 막상 실제 우리 병원의 리얼한 진단의 결과가 나왔을 때 그것을 실행까지 이어가는 확률은 그리 높지 않다.

이 책은 누구나 한 번쯤 들어봤을 법한 CS의 기본 공식과 이론적 지식을 다루는 내용을 담고 있지 않다. 지난 4년간 동물병원에서 근무를 시작하며 현장에 도입 후 많은 시행착오를 겪어 본 나의 경험과 올바른 솔루션의 실행 방법이 담겨 있다. 나는 이 책의 솔루션들이 많은 동물병원의 현장에서 실행되길 바란다. 실행의 과정에 외부전문가인 내가 함께 참여하며 효율적 길잡이가 되어 줄 수는 있지만, 결국 실행을 완성하는 건 바로 당신이다.

동물병원 CS경영의 성공적 시작을 위해 당신은 늘 선택의 기로에 마주하고 있다. 이제 우리 병원의 진짜 모습을 직시하고 필요한 변화를 위한 실행의 준비가 되어 있는가? 거울 속에 비친 당신의 병원의 모습을 리얼하게 직관하는 일은, 앞으로 치열해질 동물병원의 경쟁시대에 당신의 병원이 굳건히 앞으로 나아갈 든든한 원동력이 되어 줄 것이다.

현장에 숨어있는 CS의 해답을 찾아라
: 모든 해답은 현장에 있다

03

■ 이론과 현실의 간극을 메우는 경험

"역시 현장이지 말입니다"

드라마 미생에서 극중 한석율이 현장의 중요성을 강조하며 한 대사다. 이미 기업의 많은 경영진들도 고객만족경영을 위한 답은 현장에 있다는 말을 자주 언급하고 있고, 현장의 중요성이 변함없이 늘 강조되어 왔다. 서비스업에 관련된 사람이라면 누구나 한번쯤 들어봤을 "우리의 문제는 현장에 답이 있다"라는 말을 줄여 '우.문.현.답'이라고까지 사용하고 있으니 굳이 그 중요성에 대해서는 추가적 설명이 더 필요 없지 않을까?

규모가 큰 기업의 서비스 직종에 처음 입사한 신입사원들이 체계적인 신입 입문교육을 받고도 막상 현장에 투입되면 많은 시행착오와 실패를 경험하게 된다. 분명 이론적으로 자세히 배우고 테스트도 우수한 성적으로 통과했지만, 실제 현실은 결코 녹록치 않음에 좌절하기도 한다. 선배들은 항상 신입때는 누구나 겪는 과정이라 위로하지만, 왜 체계적인 교육도 이론적 학문도 반복되는 시행착오의 과정을 없애지 못하는 걸까? 그건 바로 현장에는 수많은 '변수'가 존재하기 때문이다.

- 점점 더 다양해지는 보호자의 성향, 까다롭고 다채로워지는 보호자의 서비스 경험들
- 갑자기 발생하는 시스템 오류, 예측하지 못한 사고, 직원들의 실수, 무단 결근 등

현장의 변수를 예측하기란 쉽지 않다. 그렇기에 아무리 이론으로 열심히 배운다고 해도 수많은 변수가 존재하는 현실과 이론 사이에는 극명한 간극이 존재한다. 그리고 이러한 간극을 완벽하게 메우는 것은 불가능하다. 이론과 현실의 간극을 메우는 경험은 아이러니하게도 우리가 실패하고 좌절하는 시행착오의 경험에서 얻어진다.

이미 고객만족을 위한 많은 이론들이 존재한다. 하지만 아무리 좋은 내용일지라도 우리 분야의 현실에 맞지 않으면 현장의 거부감은 심해진다. 우리 병원의 CS를 관리하는 담당자는 이론과 현장의 간극을 정확히 이해하고 있는가? CS전문가의 이론이 현장에서의 축적된 경험을 통해 이론과 현실의 간극을 메울 수 있게 올바른 방향성을 가지고 나아가고 있는지 살펴봐야 한다.

■ 현장에 숨어 있는 시그널 찾기

|||||||||||||||||||||||||||||||||||||||||||||||||||||||||||||

   동물병원 보호자들이 내원 후 이동하는 동선을 그대로 따라가 본적이 있는가? 고객이 만족하는 병원서비스와 경험을 제공하기 위해서는 고객의 입장에서 생각하고 고객을 이해하려고 노력하는 것이 아닌, 고객이 병원서비스를 제공받는 병원의 현장에서 직접 고객과 동일한 과정을 경험해 보는 것이다.

- 맞이인사가 잘 되지 않아 접수처가 어디인지 한 번에 알지 못하는 신규 고객
- 접수 후 고객대기실에 비치되어 있는 고객사용 비품이 어디에 있는지 찾지 못해 두리번거리는 고객
- 외부에 위치한 화장실에 대한 안내문 부재로 화장실이 어디에 있는지 직원을 통해 묻고 있는 고객
- 수납 후 집으로 돌아가기 위해 나가는 문이 고장나 힘겹게 문을 열고 있는 고객

   사소하지만 지금도 우리가 근무하는 동물병원 곳곳의 일상 속에 고객이 무심코 보여주고 흘려주는 행동과 말들이 곳곳에 숨어있다.
   실제 CS관련 미팅을 하거나 컨설팅을 할 때 원장님들께서 현장에 대한 많은 고민을 토로하곤 하신다. 그럼 나는 이렇게 묻곤 한다.
   "원장님, 혹시 출근하실 때 병원 정문으로 들어오시나요."

들어오는 입구가 하나뿐인 병원은 당연하겠지만, 후문, 직원용 출입구가 따로 있는 병원은 대부분 정문이 아닌 곳을 통해 출근하기 때문이다. 그럼 나는 가장 먼저 원장님들께 내일부터 출근하는 출입 통로를 정문으로 바꿔 보길 권장드린다. 바로 보호자가 사용하는 동선 그대로를 경험해보라는 것이다. 아주 쉽고 단순해 보이지만, 실제 이 과정을 반복하다 보면 처음엔 보이지 않았던 것들이 보이기 시작하고 병원의 문제점이 어디에서 발생하고 있는지도 알아챌 수 있다. CS컨설팅에서 현장모니터링의 과정이 CS솔루션을 제공하기 위한 핵심 프로세스인 이유도 현장의 곳곳에 숨어있는 고객들의 불편과 불만의 시그널이 숨어 있기 때문이다.

지금 동물병원의 현장을 머릿속으로 그려보자. 무엇이 떠오르는가? 병원에 내원한 보호자와 반려동물, 접수하는 매니저팀, 의국 안 환자를 보정하는 테크니션, 진료상담실 안 수의사, 입원실, 직원 휴게실, 고객대기실, 개별 면회실, 화장실, 고객 티서비스존 등 전부 나열하기엔 너무 많은 각각의 공간들과 그 공간을 채우고 있는 많은 사람들과 반려동물들 등 다양한 상황들이 연출되는 장면들이 떠오른다.

모든 의료계가 그렇듯 동물병원 역시 하루하루 다른 상황들이 셀 수 없이 많이 펼쳐진다. 우리가 떠올린 수많은 장면들 속에 숨어있는 고객의 시그널을 찾아내기 위해서는 고객접점(Moment Of Truth)의 3ware에 집중해야 한다. **3ware**란 하드웨어(Physical evidence), 소프트 웨어(Process), 휴먼웨어(People)를 줄인 말이다. **하드웨어**란 고객이 오감을 통해 경험할 수 있는 동물병원의 모든 공간, 즉 환경적 요소를 의미하며, **소프트웨어**란 고객의 눈에는 보이지 않지만 병원서비스가 막힘없이 제공되도록 구축되어 있는 업무 프로세스, 서비스 시스템을 말하고, **휴먼웨어**는 말 그대로 병원 서비스를 제공하는 현장의 직원들의 고객지향도를 의미한다. 이는 병원과 고객의 신뢰형성에 가장 중요한 역할을 하기도 한다.

하드웨어(Physical evidence)	소프트 웨어(Process)	휴먼웨어(People)
주차장, 병원 간판, 고객 대기공간, 진료실, 의료장비, 병원내 사인물, 용품장, 쇼파, 원내 음악, 화장실, 면회실, 의국, 입원장 등	EMR(Electronic Medical Records), 대기 프로그램, 업무 매뉴얼, 정보 채널 운영, 예약 시스템, 진료실 안내 동선, 부서별 협업 등	직원들의 용모복장, 응대 태도, 말투, 표정, 공감 능력, 전문적 업무 역량, 커뮤니케이션 스킬 등

〈3ware의 개념 분류와 세부적 내용〉

3ware가 어느정도 이해되었다면 이제 다음 단계인 표준적 기준을 알아야 한다. 표준적 기준이란 어떤 특정 상황을 관찰할 때 좋고 나쁨 옳고 그름의 기준이 되는 가장 보편적인 상황을 의미한다. 병원의 현장을 관찰하기 위해서는 개인의 기준이 아닌 표준적 기준으로 평가해야 한다.

플러스 요인	표준적 기준	마이너스 요인
섬세한 응대	무난한 응대	불친절
정성을 다하겠습니다. OO동물병원입니다. 무엇을 도와드릴까요	네, OO동물병원입니다.	네, 여보세요 네, 동물병원입니다

〈표준적 기준과 플러스, 마이너스 요인의 예시〉

병원의 정문으로 출입 후 접수-수납까지의 끝낸 보호자가 다시 정문으로 나가기까지 수많은 경험의 과정 속 곳곳에 남겨둔 불편과 불만의 시그널을 찾기 위한 첫 시작은 내일 정문을 통해 출근하여 병원의 모든 공간과 구축된 시스템을 들여다보고, 직원들의 일하는 모습도 잠시 관찰해 보고, 이 과정을 습관처럼 이어가는 것이다. '과연 내가 잘하고 있는 걸까?'라는 의심이 들어도 걱정할 필요 없다. 현장에서의 시그널이 당신의 눈에 들어오는 순간 불확실한 의심은 올바른 확신으로 변하고 병원의 모습도 조금씩 달라지게 된다.

■ 현장과 고객을 이어주는 연결고리, 피드백

||||||||||||||||||||||||||||||||||||||||||||||||||||||||

당신이 생각하는 현장은 어디인가? 응급환자를 처치하는 의국인가? 예약,외래 환자를 접수하는 접수처인가? 보이지 않지만 동물병원 운영과 경영에 중요한 역할을 하는 행정팀인가? 정답은 병원의 접수처, 의국, 행정팀 모두 구분없이 현장이라는 것이다. 현장에서는 발에 불이 날 정도로 쉼 없이 뛰어다니는 것이며, 행정팀은 머리에 불이 날 정도로 쉼 없이, 발에 땀이 나게 일하는 것이다.

병원의 현장과 관리의 역할을 하는 행정팀은 결코 떼려야 뗄 수 없이 밀접하며, 매출성장과 이익창출을 추구한다는 목표 또한 동일하다. 그리고 그 과정에서 모두가 수많은 실수와 실패를 경험한다. 예를 들어, 고객이탈이 갑자기 많아졌다면, 고객관리나 마케팅 등 문제의 원인을 행정팀에서 분석하고 개선점을 파악하여 고객 관련 시스템을 다시 기획하고 구축해야 한다. 이렇게 다시 기획되고 구축된 시스템을 고객에게 직접 실행하여 전달하는 것은 병원에서 근무하는 현장 직원들의 역할이다. 그리고 실행했다면 고객의 반응을 살펴 다시 행정팀으로 전달해주는 것이 중요하다. 이것을 피드백이라고 지칭한다. 수의사, 매니저, 테크니션, 행정팀 등 병원을 구성하는 각 파트의 끊임없는 유기적 협업이 지속되어야 고객만족의 확률을 높일 수 있으며, 모든 현장의 유기적 협업을 지속하게 해주는 것이 바로 서로 간의 피드백이다.

현장의 연결성과 피드백의 중요성을 인지했다면 단순히 이해하는 것에서 머무르지 않고 이를 실행에 옮겨야 한다. 현장의 직원들이 보호자와 반려동물에게 더욱 의미 있는 고객 경험을 전달할 수 있도록 지금도 현장 곳곳에 숨겨진 수많은 고객들의 시그널들을 찾아 연결된 현장에서 공유될 수 있게 피드백해야 한다.

동물병원CS의 해답은 우리가 항상 시간을 보내고 있는 병원의 현장에서 변함없이 우리를 기다리고 있다. 지금 우리가 가장 먼저 해야 할 일은, 현장 곳곳에 숨어 있는 고객들의 시그널을 찾아 이를 기반으로 모든 부서와의 소통과 협력을 통해 지속적 피드백을 주고받으며, 개선과 변화를 위한 방법을 구축하여 행동으로 옮기는 것이다.

동물병원CS를 어디서부터 어떻게 시작해야 하는지 아직 고민하고 있는가? 그럼 지금 당장, 진료실 밖 고객이 경험하는 모든 공간의 문을 열고 현장을 관찰해 보자. 관찰의 시작이 현명한 해답을 찾고 병원을 움직이게 하는 가장 큰 지름길이다.

익숙하고 편안한 느낌을 버리고 어색하고 새로운 것들에 길들여져라

04

■ 익숙함과 새로움의 경계에서

||||||||||||||||||||||||||||||||||||||||||||||||||||||||||||||||

과거에도 현재에도, 그리고 미래에도 세상은 익숙함에 머물지 않고 항상 새로움을 찾아 빠르게 변화한다. 디지털 시대의 혁신적이고 빠른 변화를 경험하며 숏폼(짧은 길이의 영상 콘텐츠)이 유행하고, 사람들이 하나의 콘텐츠, 정보에 흥미를 느끼며 인내할 수 있는 시간이 점점 짧아지며, 쉽게 지루함을 느끼고 새로운 정보, 자극과 흥미를 찾아 돌아선다. 이러한 새로움은 우리의 인간관계에서도 마찬가지다. 새로운 사람과의 첫 만남은 어색하지만 언제나 설렌다. 그러나 어느 정도 시간이 흘러 친숙한 관계를 유지하게 되면 빠르게 새로운 관계에 대해 갈증을 느낀다. 새로움의 설렘과 호기심, 익숙함의 편안함과 안정감. 우리는 지금 익숙함과 새로움의 그 어디쯤, 경계선에 서있다.

사람은 대부분 안정적이고 편안한 상태를 유지하며 살아가길 원한다. 가파른 성장과 급속한 변화의 환경에 속해 있는 우리에게 어쩌면 당연한 심리적 끌림이 아닐까 싶다.

하지만 이러한 익숙함이 때로는 우리의 성장에 큰 장애요소로 작용한다. 익숙함은 때때로 개인의 열정과 노력을 희석시키고 현실에 안주하는 삶을 유지하게 하며 새롭게 변화된 환경에 적응하지 못 하고 도태되는 결과를 초래하기도 한다. 반면 새로움은 낯설고 어색하고 두렵기도 하지만 불안과 고통의 과정 속에서 또 다른 나를 발견하고 시행착오의 경험을 통해 개인의 역량을 성장시킨다. 이처럼 익숙함과 새로움의 그 어디쯤, 우리는 항상 선택의 기로에 놓인다.

기존 방식을 고수할 것인가? 새로운 길을 모색할 것인가? 그 선택의 정답은 당신에게 주어졌다.

■ 이너서클 : 무기(無機)가 아닌 무기(武器)가 되는 직원

|||||||||||||||||||||||||||||||||||||||||||||||||||||||||||

"기업의 크기가 달라지면 일하는 사람의 행동도 달라져야 한다"

– 피터 드러커

반려동물 산업의 급성장, 동물병원의 시스템화, 늘어나는 동업체계 경영의 동물병원 대형화, 고객만족의 수준 향상 등 동물병원에서 진료서비스의 급격한 변화에 적응하기 위한 점검이 필요하다. 새로운 변화의 과정에서 불편함을 감수하고 수용하는 것은 필

수적이다. 새로움에 적응하기 위해 우리가 가장 먼저 점검해야 할
것은 바로 병원 안을 구성하고 있는 보이지 않는 핵심 구성원이다.
모여 있고 고여 있는 병원 안의 이너서클, 과연 우리 병원은 어떻
게 형성되어 있는가?

- **이너서클(Inner circle)** : 더 안쪽에 위치한 원이라는 뜻으로, 주
  로 조직 내에서 실질적 권력을 점유하는 소수 핵심층을 이르
  는 말로 사용되며, 겉으로는 드러나지 않은 비공식적 그룹을
  뜻한다.

어떤 조직이든, 친목을 다지는 모임이든, 어디에나 이너서클은
존재한다. 그러나 이너서클의 구성원이 어떻게 구성되어 있는가
에 따라 미치는 영향의 긍정 vs 부정을 결정한다. 부정적 이너서
클의 구성은 우리가 흔히 쉽게 연상하는 사내정치, 승진을 위한 줄
타기로 사용되는 혈연, 학연, 지연, 인맥 등의 연결고리로 구성되
며, 긍정적 이너서클은 각 부서의 뛰어난 역량을 갖춘 사람들(High
Perfomer)로 구성된다.[2]

그럼 과연 동물병원의 이너서클은 어떻게 구성되어 있을까? 동
물병원은 매우 보수적인 집단에 속한다. 모든 병원이 다 그런 것
은 아니겠지만. 대부분 동물병원 이너서클의 구성은 원장을 주축
으로 가장 오래 근무한 직원(병원의 실무 파악을 손쉽게 하며 원장과 친밀
도가 높게 형성되어 있다)들로 자연스럽게 구성된다. 물론 이러한 현상
이 잘못되었다는 것은 아니다. 그러나 병원의 크기가 달라지면 일

---

2) '모든 조직에 이너서클이 존재한다' 〈brunch.co.kr〉 (※ 참조)

하는 사람의 생각과 행동도 달라져야 하는데. 동일한 조직에 동일한 사람과 동일한 업무를 5~10년 이상 지속한 사람이 변화한다는 것은 그리 쉽지 않다. 그럼에도 일부 원장님들이 가장 오래된 직원을 무조건 신뢰하고, 근속기간에 비해 성장하지 못하는 역량에 대해서도 높이 평가하는 이유는 아마도 원장님의 보이지 않는 눈과 귀가 되어주기 때문이라 생각된다.

- 병원 오픈 때부터 고생만 많이 했으니 이제는 편하게 일해도 된다고 생각하는 오픈 멤버
- 원장님 말 잘 듣고 라인을 타 기세 등등한, 역량 없는, 무늬만 핵심인 직원
- 방법에 대한 솔루션을 줄 능력 없이 지적과 지시만 밥 먹듯 하는 관리자
- 직원관리의 방법도, 팀을 운영하는 방법도 모르는 팀장

누군가는 원장의 오른팔, 왼팔이 되어 줄 심복을 심어 두는 게 중요하다고 말한다. 물론 이 말에는 나도 공감한다. 그러나 병원이 성장을 거듭할수록 긍정적 영향의 좋은 인재를 놓치지 않기 위해 고여 있고 모여 있는 이너서클 구성원을 반드시 점검해야 한다. 사적인 자리에서 언니, 동생으로 형, 아우로 가깝게 지내고 내가 원하는 것을 물어다 주는 공과 사가 구분이 안되는 직원들로 구성된 사적 모임이 아닌, 병원의 현실을 객관적으로 직시하고, 오래 다닌 만큼 편안함을 추구하는 것이 아닌, 원장이 추구하는 방향성을 올바르게 아래로 전파하여 실행에 옮기며 때론 원장에게 올바

른, 싫은 소리를 전할 수 있는 성실하고 역량 있는 직원으로 구성되어야 한다.

그럼 과연 우리 병원의 이너서클은 병원과 고객에게 '무기(無機)'가 될까, 아니면 '무기(武器)'가 될까? '무기(無機)'란 생명이나 활력을 가지고 있지 않는 것, '무기(武器)'란 어떤 일을 달성하기 위한 힘이나 방패가 되는 수단을 이야기한다. 다음은 내가 직접 경험했던 실제 한 병원의 '무기(無機)'가 되는 이너서클 구성원의 이야기이다.

이 직원은 한 병원에서 10년 정도 근속했기에 팀을 총괄하는 중간관리자였고, 해당하는 팀에 대한 실무를 누구보다 잘 알고 잘 처리했다. 연차가 높은 만큼 병원이 돌아가는 분위기를 잘 파악하고 실무를 가장 잘 이해하고 해결했다. 여기서 한가지, 이너서클을 구성하면서 원장님들이 가장 많이 하는 흔한 착각은, 오래 다닌 직원이 실무를 잘하는 것과 역량이 뛰어난 것을 동일시한다는 것이다. 대부분 회사가 그렇겠지만 동물병원의 실무자 또한 시간이 지나고 경험이 많아질수록 자연스레 속도와 스킬은 향상된다. 5년 이상의 고년차 중간관리자가 실무를 잘하고 속도가 가장 빠른 건 너무나 당연한 일이다. 그들은 이제 현장의 실무가 아닌 팀을 운영하고, 팀 내에서 발생하는 이슈를 해결하고, 그에 맞는 서비스시스템을 운영하는 관리자의 역량으로 평가되어야 한다.

다시 이야기로 돌아가서, 이 직원은 퇴사 후 다시 재입사를 한 케이스인데, 우연히 내가 재입사 이유를 물었는데 "막상 다른 병원에 가보니 여기가 가장 편하게 근무할 수 있는 곳이더라"라고 말했다. 또 중간관리자임에도 불구하고 입사 때부터 지속적으로 지각을 했고, 근속년수가 높아지고 팀원이 늘어날수록 이제는 실무를 하는 빈도도 적어지며, 병원 전체를 총괄한다는 큰 역할 아래 아주 편하게 근무하는 모습을 보였다.

　내가 해당 병원 모니터링을 진행하는 날도 어김없이 30분 넘게 지각을 했고, 그럼에도 전혀 민망한 기색 없이 아무렇지 않게 뒷짐을 지고 현장을 돌아다녔다. 하지만 아이러니하게도 해당 병원의 특정 원장님은 이 직원을 '우리 병원에 없어서는 안 될 보석 같은 존재'라고 높이 평가했고, 나는 그 이유가 무엇인지 유추해 볼 수 있었다. 바로 그 원장님의 눈과 귀가 되어 병원 곳곳에 퍼져 있는 직원들 사이의 많은 소문들을 전달해주는, 특정 원장님의 지지 세력과 같은 역할을 해주는 것 때문이었다. 이는 지금도 동물병원 곳곳에 뿌리 박혀 있는, 병원에 부정적인 영향을 주는 잘못된 이너서클의 구성을 직접적으로 보여주는 사례이다.

　물론 동물병원은 의료진을 제외한 테크니션, 매니저 파트의 퇴사율이 매우 높아 끊임없이 신규직원을 교육하고 적응시켜야 하기에 오래된 직원들로 구성된 이너서클이 안정적으로 자리잡고 있는 것은 병원의 입장에서 매우 필요하며 유리한 조건이다. 단, '무기(無機)'가 아닌 '무기(武器)'가 되는 직원으로 구성되어야 한다는 전제조건을 충족시키는 한에서 말이다.

　물이 맑은 상태로 계속 유지되기 위해서는 끊임없이 순환하는 과정을 거쳐야 한다. 순환되지 않고 고여 있는 물에는 이끼가 끼고 결국 썩고 만다. 지금 우리 병원의 이너서클을 천천히 들여다보고 점검해 보자. 그리고 만약 그 안이 고여 있고 모여 있다면 이제 과감한 결단의 시점이 온 것이다. 고인물에 단계적으로 천천히 새로운 물을 넣으며 썩은 물을 빼내든가, 과감히 썩어 있는 물을 버리고 새로운 물로 채워줘야 한다.

당연히 두 번째 방법은 리스크가 너무 크기에 추천하지 않는다. 그러나 반드시 점진적으로 새로운 인재를 영입하고 교육하여 자연스럽게 고여 있는 사람들 중 부정적 영향을 미치는 구성원을 새롭게 대체하는 것은 필수적이다. 병원의 성패를 결정하는 변하지 않는 사실 중 하나는, 성공하는 곳에는 항상 무기(武器)가 되어 주는 직원이 있다는 것이다. 그리고 꼭 기억하자. 이너서클이 병원을 구성하는 핵심 그룹임은 분명하나, 결국 병원 운영에서의 모든 책임은 원장이 져야 한다는 것 또한 변치 않는 사실이다.

■ 익숙함과 새로움의 조화로운 연결

||||||||||||||||||||||||||||||||||||||||||||||||||||||||||

최민식, 송강호, 전도연, 김혜수

이들은 매우 유명하고 연기력이 뛰어난 배우이다. 우리는 화면에 비치는 이들에 모습이 너무나 익숙하고 친근하며 잘 알고 있다. 그런데 익숙한 이들의 모습에서 매 작품마다 새로운 캐릭터의 옷을 입는 순간 우리는 새로움을 느낀다. 우리가 늘 가는 쇼핑센터, 백화점도 아주 오랜 기간 동안 익숙한 장소에서 영업을 하고 있지만, 공간 속 진열된 상품들은 매 시즌 새롭게 변화한다. 바로 이것이 익숙함과 새로움의 적절한 조화이다. 너무 익숙하면 지루해지기 쉽고 모두 새로우면 어색하고 불편함만 가득하다.[3]

아침에 일어나서 양치를 하고 세수를 하는 너무나 익숙한 행동이 여행을 가서 새로움 속에서는 전혀 다르게 느껴지는 것, 늘 마

---

3) '[Vinci] 익숙함과 새로움의 조화 ①', 〈네이버블로그(naver.com)〉. (※ 참조)

주하게 되는 아침, 파란 하늘이 여행을 가는 새로움의 과정속에서는 다르게 느껴지는 것, 그 새로움 속 여행이 우리에게 심리적 안정감을 줄 수 있는 건 가장 편안하고 익숙한 사람과 함께 하기 때문이다.

■ 익숙함은 상대방과의 연결을 의미한다

||||||||||||||||||||||||||||||||||||||||||||||||||||||||||||||||||||||||||

동물병원에서 예약제를 실행하기 시작할 때 100% 예약제를 도입하지만 유예기간을 3개월 두면서 그 기간 동안 외래로 오는 환자들을 받으며 변경되는 병원시스템에 대한 새로움을 익숙한 직원들이 편안하게 설명한다. 그렇게 익숙함 속 새로움이 연결되며 서서히 적응해가는 것이다. 병원의 갑작스러운 이슈 발생, 대기시간 지연 등 새로운 상황이 발생하게 되면 보호자는 불편한 감정을 느끼게 된다. 하지만 우리는 이 불편함 새로움을 보호자와 연결된 익숙한 직원을 통해 해결하려 노력한다. 그래서 사람을 다루는 병원서비스의 전과정에는 익숙함과 새로움이 항상 공존해야 한다.

변화를 통해 새로운 시스템이 구축되면 '잘 해낼 수 있을까?'라는 걱정과 두려움으로 우리는 먼저 저항한다. 인간은 적응의 동물이라고 하지만 사람에 따라 변화에 적응하는 능력이 다르기 때문이다. 그러나 변화의 도입과 성장을 방해하는 가장 큰 요소는 너무한꺼번에 많은 것을 바꾸고 또 적응하길 요구하는 것이다. 새로운 것에 길들여지기 위해 익숙함은 우리에게 반드시 필요한 전제 조건이다. 변화가 있어야 성장하듯 익숙함의 조화로운 연결이 새로운 변화를 가능하게 함을 꼭 기억하자.

컴플레인 관리의 핵심
WHY/HOW 찾기

■컴플레인, 문제를 이해하는 첫 걸음

"가장 불만에 가득 찬 고객은 가장 위대한 배움의 원천이다"

마이크로소프트 창업자 빌 게이츠의 이 말은 기업이 고객 불만을 긍정적으로 받아들이고 스스로를 성찰한다면 성장의 발판으로 삼을 수 있는 좋은 기회임을 의미한다. 기업을 운영하는 CEO라면 누구나 한 번쯤 경영의 위기를 경험한 적이 있을 것이다. 환경과 트렌드, 소비자의 욕구와 니즈가 시시각각 변하고 경쟁이 더욱 치열해짐에 따라 기업이 직면하는 위기는 시간이 지날수록 한층 세분화되고 복잡해진다.

그런데 우리가 집중해서 살펴보아야 할 위기 속 경험이 한가지 있다. 바로 고객과의 관계에서 발생하는 컴플레인(고객불만)이다. 이는 모든 기업이 동일하게 겪는 환경과 트렌드 등 일반적 경영의 위기와는 다른 특정 기업에게만 속하는 특수한 경험이기 때문이다.

이처럼 요즘 모든 기업들의 관심은 온통 '고객'에게 집중되어 있다. 신규고객을 유치하기 위한 공격적 마케팅, 기존고객을 유지하기 위한 다양한 혜택 제공 등 고객이 없으면 기업이 존재하지 않기에 어쩌면 당연한 일이겠지만, 그 중 고객의 컴플레인의 해결이 기업의 성공과 생존을 위한 필수요소로 이미 자리잡았다.

하지만 불행하게도 대부분의 고객은 불만족의 경험을 하더라도 굳이 문제가 있음을 제기하지 않는다. 미국 펜실베이니아대 와튼스쿨의 '고객불만 연구보고서'에 따르면 94%의 고객은 불만을 느꼈지만 표출하지 않고, 단 6%의 고객만이 불만을 표출한다고 한다. 고객만족과 기업의 생존을 위해 꼭 필요한 고객관리가 결코 쉽지 않은 이유다.[4]

동물병원CS를 시작한 지 4년이 지난 지금, 이제 동물병원을 경영하는 원장님들도 CS경영을 시작하고, 고객에 집중하고, 컴플레인의 중요성과 필요성을 인지하는 병원들이 점차 늘어나고 있다.

동물병원을 운영하면서 모든 보호자를 100% 만족시키는 것은 불가능하며 컴플레인은 필연적으로 발생할 수밖에 없다. "피할 수 없으면 즐겨라"라는 말처럼 컴플레인을 단순히 진상고객의 화풀이와 어이없는 행동으로 생각하고 스트레스 받으며 그냥 넘기는 것이 아닌, 우리 병원의 문제를 객관적으로 직시할 수 있다. 또 실패를 통해 우리가 예측하고 예방할 수 있는 고객만족의 단서를 제

---

4) 〈'고객불만'은 실패를 막는 예방주사〉, 《마케팅/세일즈 | DBR (donga.com)》 (※ 참조)

공하는 고객의 긍정적 시그널로 받아들여야 한다.

▌컴플레인 불변의 원칙, '원하는 것을 제공하고,
▌불편해하는 것을 해결하라'

IIIIIIIIIIIIIIIIIIIIIIIIIIIIIIIIIIIIIIIIIIIIIIIIIIIIIIIIIIIIIIIIIIIIIIIIIII

'컴플레인'이라는 단어만 들어도 대부분 원장님들과 현장 직원들은 머리가 지끈거릴 것이다.

동물병원CS를 운영하면서 원장님들과 현장의 직원들에게 가장 많이 받았던 질문이 바로 "컴플레인 고객응대 어떻게 해야 하나요?"이다. 사실 CS(고객만족)에는 뚜렷한 정답이 존재하지 않는다. 이건 내가 그 동안 수많은 교육과 컨설팅을 진행하며 매번 가장 먼저 강조하는 말이다. 그렇기에 우리는 CS를 누구나 할 수 있는 쉬운 분야로 생각하지만, 조금만 깊게 들여다보면 아무나 할 수 없는 가장 어려운 분야임을 깨닫게 된다. CS에 정답이 없으니 컴플레인 고객을 응대하는 것 또한 정답이 없는 것은 당연하다.

하지만 너무 상심하지 않아도 된다. CS에는 정답은 없지만 항상 현명한 해답은 존재하는 것처럼 컴플레인의 해결과 관리를 위한 '고객이 원하는 것을 제공하고 불편해하는 것을 해결하는 것'이라는 불변의 원칙이 존재한다. 그럼 우리가 이를 위해 반드시 알아야 하는 것은 컴플레인 상황 속 2가지 **Why**(왜 발생했는가?)와 **How**(어떻게 개선해야 할까?)를 찾는 것이다.

고객의 불만이 발생되는 원인은 크게 3가지로 기업의 문제, 직원의 문제, 고객의 문제로 나뉜다. **첫째**, 기업이 문제인 경우에는 경쟁사 대비 기대 이하의 서비스를 제공하거나 서비스 시스템의 부재나 결함 등으로 인한 이용 불편, 지연, 부서 간 소통의 오류 등이 포함된다. **둘째**, 직원의 문제는 업무처리 역량이 미흡, 응대 태도, 설명 부족, 깔끔하지 못한 용모복장 등 인적 서비스에서 오는 문제를 말한다. **셋째**, 고객의 문제는 주관적 기대로 인한 서비스의 부정적 불일치. 소통의 오류와 오해, 고객의 부주의 등 고객 스스로가 문제인 경우이다.

그럼 먼저 동물병원에서 발생하는 컴플레인의 원인 **Why**에 대해 이야기해 보자. 동물병원에서 컴플레인은 왜 발생하는 걸까? 대부분 비싼 진료비가 가장 큰 원인이라 생각할 것이다. 하지만 동물병원의 실제 현장에서 발생한 500건의 고객 불만 상황(2021년 ~2024년 벳아너스 회원병원 50개 병원 대상 취합 자료 중)을 취합한 결과를 보면 실제 비용에 대한 고객 불만은 7.3%에 불과하다.

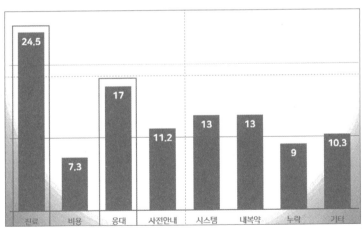

〈동물병원의 컴플레인 주요 원인 통계〉

즉, 실제 동물병원에서 발생하는 고객 불만의 상황들을 위 그래프를 토대로 분석해 보면, 우리가 보편적으로 예상하는 비싼 비용, 치료 결과 불만족 등의 일차원적 이유가 아닌, 공통적으로 반복되는 복합적 상황을 취합해본 결과 컴플레인 발생의 Why(왜 발생했는가?)를 정리해 보면 아래와 같다.

1. 사전 설명, 안내 생략(비용, 대기시간, 검사 및 처치, 환자 상태 설명, 인계 시 특이사항 전달 등)
2. 내복약 관련 실수(실링 작업 미흡, 용량 or 환자 이름 상이함, 복약지도 간소화, 캡슐 조제 관련 등)
3. 보호자 요청 사항 누락(주치의 연락 요청, 예약 및 접수 실수 등)

이 3가지 컴플레인 why의 원인에는 한가지 공통점이 숨어 있다. 보호자는 병원서비스의 과정에서 이미 발생한 상황에 대해서는 그 이유와 적절한 대처방법, 대안에 대해 미리 안내받기 원하고 앞으로 발생할 상황에 대해서는 어떤 행동과 과정이 진행될 것인지 미리 안내받기를 원한다. 우리는 이 두 가지를 사전안내와 사전설명이라고 지칭하는데, 이는 불투명한 서비스의 과정에서 발생되는 보호자의 불필요한 수고와 걱정을 덜어주어 상황을 예측할 수 있게 해준다. 즉 컴플레인은 보호자에게 예측 가능한 병원서비스를 제공하지 않았을 때 발생한다. 보호자에게 '예측'은 병원서비스의 만족과 병원에 대한 신뢰를 결정짓는 중요한 요소로 작용하며 컴플레인 HOW에 대한 가장 중요한 해답이 된다.

그럼 컴플레인의 HOW(어떻게 개선해야 할까?)를 위한 방법은 간단하다. 보호자에게 그들이 가장 원하고 바라는 예측의 요소를 빠짐없이 전달하는 것이다.

병원서비스의 예측을 위해서는 딱 한가지만 기억하자. 바로 보호자가 묻기 전 미리 알려주는 것이다. 너무 당연한 이야기라 생각되겠지만 현장에서 제대로 실행되고 있는 병원을 찾기는 그리 쉽지 않다.

다음 3가지 질문을 통해 우리 병원의 현장에서는 보호자에게 예측을 위한 컴플레인의 HOW가 잘 실행되고 있는지 체크해보자.

1. 환자 상태와 처치, 검사과정, 비용에 대한 사전 설명이 빠짐없이 이루어졌는가?
2. 보호자의 요구사항이 누락되었다면 그 이유에 대한 구체적 설명과 신속한 대처, 대체안이 미리 안내되었는가?
3. 수치화된 대기시간을 사전 안내했는가? 만약 안내된 대기시간보다 지연되었을 때, 지연된 이유에 대한 설명과 추가 지연시간이 다시 미리 안내되었는가?

물론 바쁜 현장에서 매번 보호자가 묻기 전 모든 과정이 미리 안내되기란 쉽지 않고, 100% 완벽하게 이루어지는 것이 현실상 불가능하다. 처음부터 완벽하게 개선하겠다는 생각보다는 환자가 스스로 보고, 듣고, 오래 기다려야 하는 대기시간을 예측할 수 있게 대략적 시간을 정해서 안내하며, 어디가 어떻게 아픈지 모르는 보호자가 이해하기 쉬운 용어와 방법으로 진료과정을 미리 안내하고, '비싸다'라는 편견을 가지고 있는 진료비 내역을 검사의 필요성과 결과에 대한 구체적으로 설명함과 동시에 보호자가 걱정하고 미리 요청했던 부분에 대해 빠짐없이 답변이 전달될 수 있도록 실행에 옮겨야 한다.

물론 동물병원에서 발생하는 모든 상황을 예측할 수 있게 만들어야 한다는 것은 아니다. 보호자들 또한 모든 상황을 완벽하게 예측하고 싶다는 생각조차 하지 않는다. 보호자는 불편감과 불안감이 발생했을 때 신속하게 해결해줄 수 있다는 신뢰감을 전달받기를 원한다. 발생할 상황에 대한 예측이 중요한 만큼 이미 발생한 상황에 대한 구체적 설명과 신속한 대처의 행동으로 보호자에게 해결가능을 예측하게 만들어 주는 것이 컴플레인 상황 종결을 결정짓게 된다.

■ 컴플레인, 문제에서 기회로

자네 발로와 클라우스 뮐러는 고객불만을 선물이라 말한다. 불만을 어쩔 수 없이 관리해야 하는 것이 아닌, 고객이 주는 소중한 선물이라는 인식의 전환으로 고객불만의 값진 가치를 이해하고 이를 통해 동물병원 CS경영을 위한 새로운 기회와 성장의 발판으로 활용할 수 있어야 한다.

컴플레인의 발생은 다행히 고객이 아직은 우리 병원을 신뢰하고 있다는 긍정적 신호를 의미한다. 모든 문제 속에는 항상 수많은 기회들이 숨어 있는 것처럼, 컴플레인을 어떻게 받아들이고 관리하는가에 따라 병원의 성장의 성패가 극명하게 달라진다. 컴플레인을 그냥 흘려보내고 당장의 편안함을 잡을 것인가? 우리의 머리를 지끈 아프게 하는 컴플레인을 직시하는 황금동아줄을 잡을 것인가? 이제 당신이 선택할 차례다. 지금 당장 현장에서 쏟아지는 고객들의 긍정적 신호인 불만의 말들을 통해 우리 병원의 보호자들이 불편해하는 것과 진짜 원하는 것이 무엇인지를 정확히 알아보자. 그리고 우리 병원의 문제 속 숨어 있는 기회를 잡아 컴플레인을 해결하는 과정에서 긍정적 경험을 통해 고객의 신뢰를 높이며 불만고객을 충성고객으로 전환하는 기회를 놓치지 않아야 한다.

가장 평온하고 안정적인 시점, 태풍의 눈을 항상 경계하라

06

■ 태풍의 눈, 병원의 성장과 정체를 결정한다.

태풍의 눈은 안전한 피난처일까, 우리를 유혹하는 덫일까?

'폭풍 전야'라는 말을 들어 본적 있을 것이다. 태풍 중심부에 하늘이 맑고 바람이 없는 고요한 상태를 바로 태풍의 눈이라는 하는데, 태풍이 다가오기 전 오히려 날씨가 맑아지는 것을 의미한다. 하지만 고요 속의 침묵이 곧 사라지면 이내 크고 사나운 바람이 불고 많은 비가 내리기 시작한다.

이 태풍의 눈 속에서 새떼가 몸을 숨기곤 하는데, 미국 네브래스카대 링컨 캠퍼스 교수의 논문을 보면 풍속이 강한 폭풍일수록 새떼의 크기도 크고 밀도도 높은 것으로 나타난다고 말한다. 다시 말해 평온부 중심의 주변을 맹렬한 폭풍우가 감싸고 있을수록 더 많은 새가 태풍의 눈 속에서 발견됐다. 거센 폭풍일수록 새들이 비교적 안전한 눈으로 들어가지만, 그 대가로 한 주일 내 하늘을 날며 수천km를 비행해야 한다. 태풍의 눈이 새들에게 안전한 피난처임과 동시에 때론 덫이 되는 이유이다.[5]

기업도 사람도 성장하는 과정에서 모든 게 평온하고 안정적으로 느껴지는 순간이 아무도 모르는 사이에 찾아온다. 그리고 이 평온한 순간을 어떻게 받아들이고 보내는가에 따라 그 다음 단계의 성장과 정체가 결정된다. 가장 평온한 순간 곧 닥쳐올 변화와 위기에 미리 준비하고 대비할 수 있는 올바른 시선을 키우는 것이야 말로 다음 단계의 성장을 위한 꼭 필요한 중요한 요소이다.

■ 자신감과 자만심의 경계선에서

|||||||||||||||||||||||||||||||||||||||||||||||||||||||||||||||

주역의 괘 중 하늘 위 태양이 온 천하를 밝게 비추는 '화천대유' 괘 옆에 겸손을 상징하는 '지산겸' 괘가 나란히 놓여 있다. 이 두 괘는 우리에게 이런 의미를 전달한다.

"잘나갈 때 조심하고 겸손하라"

병원이 가파르게 성장하며 다양한 협업과 새로운 프로젝트로 이름을 알리고 좋은 결과를 얻어 어느 정도 안정권이 유지된 듯한 평온한 태풍의 눈 속에서 겸손함을 유지하기 위해 자신감과 자만심을 정확히 구분하는 것이 반드시 필요하다.

자신감(Confidencs)은 스스로가 할 수 있다고 여기는 긍정적 태도, 느낌(확신)으로 자기 자신의 능력을 잘 인지하여 할 수 있는 일을 객관적으로 제대로 판단하고 노력하는 것을 의미하고, **자만심**

---

5) 〈'태풍의 눈'은 새들이 갇히는 덫일까, 피난처일까〉, 《(hani.co.kr)》 (※ 참조)

(Conceit)은 자신이나 자신과 관련 있는 것을 스스로 자랑하며 뽐내는 마음으로 스스로의 능력에 도취되어 타인의 조언을 듣지 않고 배척하는 것을 의미한다.

사실, 실제 내가 가진 능력보다 스스로를 낮추어 표현하는 겸손함을 유지하는 것은 결코 쉽지 않다. 동물병원에서 컨설팅과 교육을 진행하며 그들의 성장과정에 함께했던 나의 경험에서도 겸손을 유지하는 것이 어렵다는 것을 말해준다.

나는 동물병원 현장에 CS전문가들을 양성하기 위한 교육과정으로 약 40명 정도를 배출하였는데, 유독 열정적인 의지를 보였던 교육생이 있었다. 내가 지속적으로 하는 CS코멘트를 보고 '같은 상황에서도 어떻게 응대하느냐에 따라 전달되는 느낌이 이렇게 달라질 수 있구나'를 느꼈다며 CS를 배우고 싶다는 열정과 의지가 강했다. 그리고 배운 내용을 현장에서 열심히 적용하려고 노력하는 모습에 나도 더 많은 도움을 주며 원장님들께 좋은 피드백을 전달하기도 하고 지속적 응원과 격려를 해주었다. 그 결과 병원 원장님들께 인정도 받고, 어린 나이지만 팀 중간관리자로 승진하기도 했다.

그렇게 시간이 흘러 나는 해당 병원의 현장 모니터링을 진행하게 되어 다시 방문하게 되었는데, 현장을 둘러보는 순간 '뭔가 문제가 있구나'라고 직감할 수 있었고, 결과는 당연히 좋지 않았다, 공식 결과 브리핑 전, 다소 좋지 않은 결과였지만 그 직원에게 어려움이 있었는지, 있었다면 도움을 주기 위해 먼저 공유하는 자리를 마련했다. 그리고 현장의 문제점과 이야기를 들은 직원은 이렇게 대답했다.

"제가 볼 땐 잘하는 것 같은데요? 문제없는 것 같아요. 왜냐면 저 진짜 잘하거든요, 이건 다 이유가 있으니 제가 따로 원장님께 직접 말씀드릴게요."

그리고 중간관리자인 그 직원의 이러한 태도는 그 팀의 팀원들과 현장의 분위기에 그대로 묻어 나왔다. 처음의 열정과 의지가 원장님들의 무한한 신뢰와 칭찬으로 이어졌고, 시간이 지나 지나친 자기 확신과 과한 자신감이 자만심으로 변질된 것이다.

이번엔 한 병원의 사례이다. 이 병원은 동물병원CS의 도입으로 직원 교육과 서비스시스템을 탄탄히 구축하였고 새로운 지점을 오픈하기도 했다. 해당 지점 오픈 전부터 CS관련 방향성 관련 기획과 직원교육 등의 세팅을 진행했었고, 얼마나 많은 노력을 했는지 아직도 나는 그 시간들이 생생하게 기억된다. 그 노력 덕분인지 병원 오픈 3개월 동안 현장에서 같이 근무하면서 "여기는 다른 동물병원과 들어오는 순간 보여지는 직원들의 모습부터 다른 것 같아요"라는 보호자들의 긍정적 피드백과, 동물병원 중에 가장 체계적으로 CS가 잘 구축되어 있는 병원으로 외부에 인식되어 다른 곳에서 내게 CS컨설팅과 교육 의뢰가 들어와 진행하기도 했다.

나는 해당 병원 원장님들께 현재의 병원의 모습을 유지하기 위해 모니터링과 교육을 지속하길 권장해 드렸고, 관련된 CS브리핑을 별도 진행하기도 했다. 그리고 1년 뒤 해당 병원의 현장모니터링을 다시 가게 되었는데, 안타깝게도 결과가 그리 좋지 않았다.

잘 갖추어진 공간과 시설은 관리가 미흡했고 응대하는 직원들의 퀄리티도 처음과는 다르게 많이 변질되어 있었다. 또한 모니터링 진행 과정에서 고객접점을 총괄하는 중간관리자가 "모니터링

점수 좀 잘 달라, 점수 안 좋으면 내가 불이익을 받을 것 같다"라고 장난식으로 이야기를 하는 모습을 보고 순간 할 말을 잃기도 했다. 해당 부분에 대한 문제점과 분석 결과를 총 16장의 보고서로 정리하여 전달해 드렸고, 개선해야 하는 부분에 대한 자세한 솔루션도 제안했다. 그렇게 모니터링 결과가 전달된 후 5개월 정도가 지나, 해당 병원에 대한 고객만족도 조사를 진행한 결과, 전년 대비 직원 서비스·시설 등의 항목이 일정 부분 모두 하락했고, NPS(고객추천지수)가 73%에서 63%로 10% 하락했다. 이 수치들은 해당 병원이 모니터링 결과를 겸허하게 받아들였으나, 이를 개선하려고 시도하지 않았다는 것을 증명한다.

두 개의 사례 모두 '충분히 잘하고 있다'는 생각과 '나는 다른 직원과는 달라', '우리 병원은 다른 병원과 차원이 달라'라는 생각이 자리잡았을 것이다. 이처럼 태풍의 눈은 우리에게 평온하고 안정적인 환경을 제공하며 그 안에서 처음의 열정과 자신감이 지나친 확신과 자만심으로 변질되는 달콤한 유혹을 제공한다.

물론 모두가 그런 것은 절대 아니다. CS 도입 후 매너리즘을 경계하고 적당한 긴장감을 잘 유지하며 매월, 매년 성장을 거듭하는 좋은 소식을 전해주는 병원도 있다.

사례로 든 병원과 직원도 어쩌면 '우리 병원에서 나는 없어서는 안 될 대체불가능한 존재', 또는 '동물병원에서 가장 잘나가고 승승장구하는 병원'이라는 생각으로 모든 사람들이 올려다보는 높은 위치에 있다고 여기고 있지 않았을까?

자신감을 가지고 시작하되 절대 자만하거나 안심하지 말아야 한다. 백조가 겉으로는 우아하게 물 위에 떠있는 것처럼 보이지만,

가라앉지 않기 위해 보이지 않는 물 속에서 쉼 없이 발길질을 많이 하는 것처럼, 하나의 성장을 유지하고 또 다른 성장과 위기를 극복하기 위해서는 병원 안에서 더 많은 인풋(input)이 존재해야 한다. 보호자가 병원에서 편안하고 평온한 경험을 하기 위해 의국 안, 병원의 직원들은 항상 전쟁과 같은 갈등과 이슈가 생길 수밖에 없다.

지금 병원도 직원들도 큰 문제없이 잘 운영되고 있다고 생각된다면 평온한 태풍의 눈 속 자신감과 자만심의 미묘한 경계선에서 객관적으로 병원을 바라볼 수 있는 올바른 시선을 가져야 한다.

■ 일에 대한 적당한 긴장감을 유지하는 것
IIIIIIIIIIIIIIIIIIIIIIIIIIIIIIIIIIIIIIIIIIIIIIIIIIIIIIIIIIIIIIIIIIIIIIIII

우리는 낯선 곳을 찾아가기 위해 내비게이션에 목적지를 입력하고 운전을 한다. 그리고 도착할 때까지 다양한 상황과 마주한다. 때로는 아무 사고 없이 기분 좋은 드라이브를 하기도 하며, 때로는 사고로 인해 정체된 도로에서 많은 인내심을 요구받기도 하고, 때로는 곳곳에 설치된 속도제한과 과속방지턱들이 조급한 우리의 마음에 잠깐의 느림을 권한다. 잠깐의 찰나에 어떤 상황이 발생할지 모르기에 목적지에 도착하는 순간까지 절대 긴장감을 놓쳐서는 안 된다.

병원의 현장도 마찬가지다. 시시각각 변하는 서비스의 트렌드와 갈수록 다양해지는 고객 경험(Customer Experience), 예상을 뛰어넘는 현장의 이슈 등 의료진과 스태프는 병원의 불이 꺼지기 전까지, 24시 운영 병원의 경우는 끊김 없이, 그리고 병원의 규모와 성장, 성공의 유무에 관계없이 항상 긴장의 끈을 놓치지 않아야 한다.

동물병원CS의 여정 또한 끝이 보이지 않는 길의 연속이다. 우리는 이 길고 긴 여정 속 예상치 못한 상황들에 반드시 마주하게 된다. 때로는 아무 문제없이 세상이 다 나를 지지하듯 승승장구하며 성장하기도 하고, 때로는 골치 아픈 문제들로 하루하루 한숨짓고 지내기도 하며, 때로는 힘들었던 과정을 보상받는 눈에 띄는 성과를 내기도 하며 말이다. 하지만 반드시 기억해야 하는 것이 있다. 바로 그 어떠한 순간에도 지나치게 자만하지 않고 확신하지 않는 것이다.

그러기 위해서는 적당한 긴장감을 항상 유지하며 주의 깊게 살펴봐야 한다. 우리 병원이 현재 평온하고 안정적인 태풍의 눈 속에 들어와 있는지 말이다. 그리고 고요한 태풍의 눈 속에 들어와 있다면 외부 전문가의 진단이 반드시 필요하다. 외부 전문가가 필요한 이유에 대해서는 다음 장에서 좀 더 자세히 살펴보겠지만, 외부전문가의 객관적 시각으로 병원을 정밀하게 진단한 결과를 겸허히 수용하여 원장님의 지휘하에 병원 현장의 직원들의 적절한 커스터마이징(Customizing)과 실행으로 다음 단계를 위한 준비를 탄탄히 해야 한다.

경쟁력을 높이기 위한 지속적 체크업
: 외부 전문가가 필요한 이유

07

■ 업데이트가 되는 병원

"최적의 사용 환경을 위해 최신 버전으로 업데이트해주세요"

우리가 사용하는 제품, 핸드폰, 게임 등을 사용할 때 다운로드 받은 프로그램이나 앱에는 주기적인 팝업창으로 업데이트 안내 문구가 뜬다. 막 게임을 시작하려는 순간, 막 제품을 사용하려는 순간, 막 유튜브를 시청하려고 켜는 순간 이런 문구가 뜨면 '아 귀찮아'라는 생각이 들며 '하지 않고 넘어갈까?'라는 생각이 들지만, 더 빠른 속도와 다양한 기능을 편리하고 보다 안전하게 사용하기 위해서는 선택의 여지없이 업데이트를 해야 한다. 하물며 우리가 사용하는 물건들도 적절한 시기에 맞게 주기적 업데이트가 필요한데, 사람을 대하고 다루는 서비스 시스템과 인적서비스의 경우, 업데이트란 더이상 선택이 아닌 필수다.

동물병원에서도 이러한 주기적 업데이트는 반드시 필요하다. 비단 의료장비뿐 아니라 병원서비스를 제공하는 직원, 공간, 서비스 시스템 등 병원의 모든 요소가 이에 해당된다. "손님이 왕이다" 라며 90도로 인사하던 아주 옛날의 다소 부담스러운 고객응대 방식을 아직도 사용하는 곳이 있는가? 서비스의 트렌드에 맞게 우리 병원을 구성하는 사람과 공간 모두에 주기적 업데이트의 팝업창을 끊임없이 띄워줘야 한다.

또한 업데이트는 그때그때 생각이 바뀌는 변덕이 아니다. 물론 변화하는 과정에서 많은 시행착오들을 겪지만 업데이트는 예측하지 못한 경험 속에서 병원이 추구하는 목표를 향해 가기 위해 최대한 방향을 잃지 않도록 도와주는 내비게이션과 같은 역할을 한다. 조금은 돌아가더라도 지속적인 체크로 목적지로 가는 새로운 길을 다시 찾는 것이다. 병원의 뚜렷한 목표가 없다면 주기적 업데이트가 무슨 소용이 있을까? 그건 아마도 의미 없는 시간과 감정을 낭비하는 보여 주기식 팝업 창일 것이다.

■ 조직을 벗어난 외부 전문가와 협업으로
■ 새로운 시각을 가지는 것

||||||||||||||||||||||||||||||||||||||||||||||||||||||||||||||||

우리는 늘 보면서도 보지 못한다. 항상 지나가던 익숙한 길에서 계절이 바뀔 때마다 새로운 풍경이 펼쳐졌을 때 우리는 익숙함 속 새로움을 느낀다. 병원도 마찬가지다. 너무나 익숙한 공간에서 익숙한 사람들과 익숙한 일들을 반복적으로 하고 있기에 새로운 시각을 가진다는 것은 쉽지 않다. 그렇다고 새로운 시각을 직원들에

270

게 강요할 순 없다. 이건 직원들의 역량의 문제가 아닌, 사람이라면 누구나 그렇듯 자연스럽게 익숙해지는 과정 속 발생하는 현상이다.

나는 A동물병원에서 매니저팀 채용관리를 할 때 면접자들에게 "오늘 병원에 처음 들어왔을 때 어떤 느낌이었나요?"라는 질문을 꼭 했다. 그리고 그들의 낯선 시각에서 바라본 병원에 대한 의견들을 취합하여 실제 병원의 CS의 개선 방향성을 구축할 때 참고했고, 낯선 사람들의 시각으로 본 병원에 대한 평가가 근무하는 직원들과는 다르다는 것을 알 수 있었다. 다른 동물병원에 컨설팅, 교육, 미팅으로 방문할 때도 마찬가지로 아주 낯선 시선으로 병원을 관찰하여 의견을 전달한다. 그 결과를 듣고 대부분의 원장님들이 생각지 못했던 부분에 놀라기도 하시고, "이렇게도 생각되는군요"라고 새로운 시각에 긍정적 반응을 보인다.

대부분 동물병원에서는 내부 직원 중 연차가 오래된 중간관리자에게 CS를 총괄하고 관리하는 역할을 부여한다. 보통 고객응대를 주로 하는 매니저팀(접수데스크)의 팀장, 실장들이다. 현장을 가장 잘 이해하고 직원들과 오랜 기간 소통하였기에 내부 직원들 중 CS총괄 관리자를 선출하는 부분에서는 긍정적으로 동의한다. 그러나 일부 병원에서는 이 직원들에게 내부직원들을 대상으로 CS 관련 강의를 진행하는 업무를 부여하기도 한다.

하지만 이는 정말 잘못된 방식이다. 물론 해당 직원 스스로가 강의에 대한 니즈가 있어 능동적으로 업무 포지션 추가를 원하는 경우와 실무 관련된 교육은 논외로 한다. 그밖의 경우에는 이와 같은 방식이 잘못되었다고 판단하는 것은 두 가지 이유 때문이다.

첫 번째, CS교육이 단순히 인사 잘하고 고객한테 친절하게 대하는 것이라는 일차원적이라는 생각을 가질 수 있겠지만, 이 책에 담긴 내용에서 빈번하게 언급되는 것 내용 중 하나인 "CS는 누구나 할 수 있지만 아무나 하지 못한다"는 것처럼 고객만족은 주관적이고 올바른 방법이 하나로 딱 정해지지 않는, 예측할 수 없는 특성을 지닌다. 그렇기에 무엇보다 해당 분야에 대한 수년간 쌓아온 다양한 경험을 통해 전문가의 노하우로 업종별 특징에 접목하여 솔루션을 제공받아야 한다. CS를 도입하고 직원들이 변화하기 시작하는 기간은 최소 6개월에서 1년 이상이 소요된다. 그걸로 끝이 아니라 지속적 교육과 체크로 개선된 현장의 상향 유지에 힘써야 한다. 이렇게 끝이 없이 지속되어야 하는 과정의 시작이 잘못되게 된다면 그건 말 그대로 시간과 비용을 낭비하고 그동안의 노력을 헛되게 하는 가장 어리석은 방법이다.

두 번째, CS강의는 학술적 성장을 위한 이론식 교육이 아니다. 고 연차 수의사가 되면 다양한 질병, 수술케이스를 통해 본인의 경험과 이론적 지식을 접목하여 강의를 하게 된다. 물론 학술 강의도 모든 수의사가 다 원하고 잘하진 않겠지만, 그래도 강의를 진행할 때 요구되는 하드 스킬 외 퍼포먼스는 비교적 단순한 편이다. 그러나 CS강의는 전혀 다르다.

예를 들어, '직원들이 보호자가 병원에 내원하면 친절하게 웃으며 응대를 잘 했으면 좋겠다'는 교육 목표로 강의를 진행한다고 가정하자. 당신은 어떻게 강의를 하겠는가? 이론을 전달하는 강의에서 할 수 있는 건 "여러분, 고객이 내원하면 기분 좋게, 친절하게 웃으면서 응대해야 합니다."이다. 이렇게 강의를 한다고 과연 직원들이 '아! 그렇게 해야 되는 거구나!'라고 공감하고 동의할까? CS 강의를 하기 위해 최소한 생각해야 할 것들은 아래와 같다.

교육 목표 : 직원들이 보호자가 병원에 내원하면 친절하게 웃으며 응대를 잘 했으면 좋겠다

- 강의 시작 전 자연스레 웃음을 유발할 수 있는 스팟은?
- 사람들이 하루 동안 얼마나 웃고 있을까? 웃지 않는 이유는?
- 웃는 사람과 웃지 않는 사람에 대한 상대방의 인식 차이, 평가 그리고 심리적 효과는?
- 현재 병원의 직원들이 보호자를 응대할 때의 표정은?
- 병원에서 보호자를 응대할 때 웃지 못하는 상황은?
- 보호자를 웃음 응대했을 때 체감하는 변화는? 효과는? 등

　다 나열하기에는 너무 많은 내용이라 중략한다. 이렇게 CS강의도 의뢰된 교육 목표에 따라 기획 ⋯ 자료수집 ⋯ 자료분석 ⋯ 현장적용 ⋯ 다양한 활동 및 진단도구 선택 ⋯ 솔루션 제공 등 한달 이상의 기획과정을 거쳐 완성된다. 강의 경험이 없는 실무자들이 당장 직원들을 대상으로 이러한 과정을 거쳐 효과적인 강의를 진행할 수 있을까? 그리고 과연 그들에게 이러한 역할의 부담을 느끼게 하는 게 옳은 걸까? 몇몇 중간관리자들이 종종 나에게 "원장님이 직원들 대상으로 고객응대 관련 교육을 진행하라고 하시는데요"라며 부담스럽다는 고민을 털어 놓는다. 내부 직원들에게 지속적 동기부여를 통해 성장을 이끌어 내는 것은 매우 긍정적이며 찬성한다. 하지만 내부직원으로 모든 것을 다 채우고 해결할 수 없

다.

그럼 어떻게 하는 것이 가장 현명한 방법일까? CS를 관리하는 내부 직원은 외부 전문가를 통해 지속적인 병원의 성장과 체크업을 유지해야 한다. CS를 도입하기 위해서는 반드시 외부 전문가가 필요하며, 도입 후 구축된 시스템을 현장에 적용하는 것은 내부 직원들의 역할이다. 그리고 현장의 현상 유지 및 문제점 재발, 개선, 향상 유지에 대한 객관적이고 세밀한 파악을 위해서는 외부 전문가의 정기적 체크가 필요하며, 결과를 지속 유지해 매일매일 체크하는 것은 내부 직원들의 역할이다. 즉 외부 전문가를 통해 1년에 한 번 현장 모니터링과 고객만족도조사를 진행하고, 결과에 따른 솔루션을 제공받아 이를 현장에 적용시키고 향상 유지하는 것은 내부 CS담당자의 역할인 것이다. 앞으로는 더 이상 다른 동물병원의 과거 경험과 성공 전략을 그대로 도입하는 것이 아닌, 외부 전문가와의 지속적인 협력을 통해 내부 직원의 올바른 성장 추구가 필요하다.

■성장, 계획이 아닌 적절한 시기를 위한 기다림

||||||||||||||||||||||||||||||||||||||||||||||||||||||||||||

스티브 잡스는 한 인터뷰에서 '다음 단계를 위한 계획이 있느냐'에 대한 질문에 성장을 위한 구체적 계획과 전략을 가지고 있는 것이 아닌 "기다리겠다"라고 답했다. 성장은 계획하는 것이 아니라 성공적인 성장을 위한 시기를 잘 판단하는 것이라 생각한다. 사람들은 성장해야 한다고 쉽게 말하지만, 말하고 고민한다고 해서 성장할 수 있는 것은 결코 아니다.

중국 극동지방에서 자라는 모소대나무는 4년간 3cm 정도의 싹을 틔우고 자라지 않는다. 하지만 5년째 되는 날부터 하루에 무려 30cm이상 무섭게 자라기 시작해 6주가 채 되기 전 15m 이상 자라나 곧 울창한 대나무 숲이 완성된다. 사실 모소대나무는 6주만에 폭풍성장한 것처럼 보이지만, 4년의 시간 동안 자라지 않은 것이 아닌, 땅 속 깊이 넓고 깊게 강한 뿌리를 내리는 과정을 거치며 성장의 때를 기다린 것이다.

동물병원CS를 도입하고 즉각적인 변화가 눈에 보이지 않는다고 좌절하거나 실망할 필요가 없다. 처음에 아주 작은 변화만 보일 뿐 직원들도 원장님들도 체감되는 큰 변화나 성과가 없다고 생각될 것이다. 하지만 그러한 과정에서 포기하는 것이 아닌, 지속적 실행과 체크, 점검을 통해 병원이 변화와 성장에 적응하고 뿌리를 내릴 수 있는 긴 기다림의 시간을 이겨내야 한다. 지금 이 순간도 우리는 성장하지 않는 것이 아닌, 폭풍성장을 위한 깊고 단단한 뿌리를 내리는 과정임을 기억하자.

장사를 하려면 경영학 책은 버려라

장사 교과서 ① 사장편

손재환 지음 | 18,000원

고객의 마음을 사로잡는 장사의 비법, 내가 나를 고용하는 장사의 가치를 확실히 깨닫고 추구하자

이미 규모 면에서 소박한 장사의 사이즈를 넘어선 사업을 운영하고 있지만, 본인의 정체성을 '장사'로 표현하기에 일말의 주저함이 없는 장사의 고수, 손재환 대표. 그 자신감과 그를 장사 고수의 경지에 이르게 한 원동력이 바로 이 책 《장사 교과서》(① 사장편) 속에 고스란히 녹아들어 있다. 초심을 잃지 않고, 본래의 가치에 충실한 장사란 어떤 것이며, 어떻게 업(業)의 생명을 길게 이어나갈 것인지에 대한 모든 비밀을 이 책 속에서 찾아보자. 장사를 업으로 삼는 모든 이들의 곁에 둘 필독서로서 자신있게 권한다.

당신의 매장에 마법을 불어넣을 비법!

장사 교과서 ② 매장편

손재환 지음 | 18,000원

장사에 필수인 매장관리 기법의 정수를 숨김없이 공개한다. 경쟁 업체 사장에게 숨기고 싶은 책, 《장사 교과서 ②매장편》

바야흐로 장사의 전성시대이자 장사가 가장 고전하는 시대이다. 책과 방송, 유튜브를 비롯해 곳곳에서 장사에 관련된 콘텐츠들이 넘쳐나면서도, 반면 장사를 했다가 망하는 자영업자들이 이토록 넘쳐나는 시절이 있었던가 싶은, 대한민국 서민들의 깊게 팬 주름살 하나하나를 그대로 반영하는 삶의 풍속도가 우리 앞에 더없이 리얼하게 그려지고 있는 시대이다. 그리고 그 풍속도의 가장 정면에서 보이는 것이 바로 장사의 실제 현장, 매장이다. 따라서 이 책 《장사 교과서 ②매장편》은 그 매장을 가장 효율적이고 매력적이게, 그리고 매출 발생을 극대화할 수 있는 방식으로 집필되어 있다.

갖가지 유형의
고객을 만족시키는
노하우

장사 교과서 ③ 고객편

손재환 지음 | 18,000원

고객만족을 위한 노력으로
성장의 한계를 극복하는 긍정 마인드!

이 책을 통해 장사를 시작하는 독자들이 얻을 수 있는 가장 소중한 프로의 자세라면 바로 '예민한 고객을 만족시키면 장사는 롱런한다'는 손재환 대표의 가르침이다. 결국 장사에서 고객, 사장, 직원은 매장이라는 공간 속에서 매매라는 행위를 위해 서로 함께할 수밖에 없는 존재들이다. 그리고 이 일상의 공간 속에서 나의 한계를 극복하는 자세를 갖출 수 있는 사람이 진정한 고수이자 프로이다. 삶의 현장 속에서 닥치는 고비를 스승으로 삼아 자신의 한계를 극복해 내는 손재환 대표의 자세를 통해 독자들도 새로운 장사의 단계로 한 걸음 나갈 수 있기를 바란다.

플랫폼과 콘텐츠의
관계 분석

장사 교과서 ④ 직원편

손재환 지음 | 18,000원

노동 가능 인구는 줄어들고, 인건비는 오르고
직원과 사장이 함께 걷는 올바른 장사의 길은 무엇일까?

이 책의 핵심은 장사를 함에 있어 직원에게 어디부터 어디까지, 어떤 방식으로 일을 맡길 수 있는지, 직원의 능력은 어떻게 극대화할 수 있는지, 직원의 처우와 복지는 어떻게, 어떤 방식으로 해줘야 하는지 등의 세세한 문제를 실전 장사의 지점에서 발생하는 구체적 사례를 통해 설명한 데에 있다. 혼자 할 수 없는 장사라면 반드시 고민하게 되는 직원과의 상생 문제.《장사 교과서 ④ 직원편》속에서 그 명쾌한 해답을 찾아보기 바란다. 손재환 저자의 30년 장사 경력이 녹아든 이 책이 독자에게 분명 큰 도움을 주리라 확신한다.